LE CAPITAINE CHARLOTTE,

COMÉDIE-VAUDEVILLE EN DEUX ACTES,

PAR

MM. BAYARD ET DUMANOIR,

Représentée pour la première fois, à Paris, sur le théâtre du Palais-Royal, le 3 décembre 1842.

DISTRIBUTION DE LA PIÈCE.

MARIE-FRANÇOISE, reine de Portugal	Mme PERNON.
LÉON, jeune officier français, au service de la reine	MM. GERMAIN.
LE COMTE DE BELLAFLOR, gouverneur des pages	SAINVILLE.
LA COMTESSE, sa femme	Mme GRASSOT.
TANCRÈDE DE BAMBINELLI, jeune gentilhomme de la principauté de Monaco	M. RAVEL.
CHARLOTTE CLAPIER, faiseuse de modes	Mlle DÉJAZET.
JUAN, valet de chambre de Léon	M. BARTHÉLEMY.

La scène se passe à Lisbonne, au palais de Bempostat, en 1785.

ACTE PREMIER.

Le théâtre représente un petit salon élégant. Entrée au fond. Porte de l'appartement de Léon, à gauche. Du même côté, plus au fond, une fenêtre avec rideaux. A droite, une petite porte qui se perd dans la draperie. Un canapé, à gauche et un petit bureau à droite.

SCÈNE I.

LÉON, LA COMTESSE, JUAN.

(Au lever du rideau, la comtesse écrit sur un petit bureau, à gauche. Léon entre du fond, enveloppé d'un manteau et suivi de Juan, qui lui parle.)

LA COMTESSE.

Il ne rentre pas !... il faut lui écrire... « Mon cher Léon, de la prudence... » (Vivement, et mettant un loup qui pend à sa ceinture.) Qui vient là ? (L'ôtant.) Ah ! c'est vous, Léon !... je vous écrivais. (Elle se lève.)

LÉON.

Vous, chère comtesse ? (Il jette son manteau à Juan, qui sort à gauche.) Vous m'attendiez ici, chez moi ?... Qu'y a-t-il de nouveau ?... Marie !...

LA COMTESSE.

Elle ignore que je suis venue vous voir... C'est à son insu que je viens vous donner, en secret, un avis.

Léon, la comtesse.

LÉON.

Un avis ?

LA COMTESSE, bas.

Elle est inquiète, tourmentée... prenez garde.

LÉON, vivement.

Que voulez-vous dire ?

LA COMTESSE.

Hier, au théâtre San-Carlos, où se trouvait réuni autour d'elle tout ce qu'il y a de plus brillant à Lisbonne, elle n'a été occupée, durant toute la représentation, que d'une seule personne... une femme inconnue, dont la lorgnette, qui nous cachait presque sa figure, était sans cesse dirigée... non vers la loge royale, comme tous les regards de la salle... mais vers celle des officiers des gardes, où vous vous trouviez à la place d'honneur... Et le moyen de ne pas remarquer alors votre trouble, votre embarras, que vous ne parveniez pas à dissimuler ?...

LÉON.

Eh ! le pouvais-je ?... Mais, votre maîtresse...

LA COMTESSE.

A sa rougeur, à ses mouvemens de dépit, à la

façon dont elle a traité son mouchoir de dentelles... (Riant.) qu'elle m'a rendu dans un état pitoyable... innocente victime de vos amours!... j'ai deviné qu'un orage éclatait là... (Elle indique le cœur.) Et votre amie, votre confidente... (Lui tendant la main.) est accourue pour vous prévenir.

LÉON, lui baisant la main.
Oh! merci, merci, ma belle comtesse!

LA COMTESSE, gaîment.
Ah! prenez garde, mon cher ami... Vous êtes Français... et léger, par conséquent... Elle est Portugaise... et jalouse... autre conséquence forcée... Vous êtes simple officier des gardes, et elle est...

LÉON.
Chut!

LA COMTESSE.
Nous sommes seuls... Quant à cette jeune dame inconnue... qui avait un petit air effronté, fort alarmant... et une délicieuse toilette, plus inquiétante encore... vous ne la connaissez pas?

LÉON.
Eh! si, morbleu!... C'est-à-dire, non... je l'ai connue... enfin... je vous conterai cela... Mais, avant tout... (A Juan, qui vient de la gauche, après avoir déposé le manteau.) Juan!... va, cours, dis à cette dame que je ne puis la recevoir ici, ni la voir ailleurs... Dis-lui qu'elle parte, qu'elle quitte Lisbonne, le Portugal... qu'il le faut... Va!...

(Juan sort précipitamment par le fond.)

LA COMTESSE.
Ah! mon Dieu! mais voilà qui n'est pas rassurant!... Est-ce que...

LÉON, vivement.
Oh! rien, rien!... Ne croyez pas que je puisse jamais trahir ces sermens que le ciel a reçus.... et dont vous fûtes témoin... Oh! jamais!

LA COMTESSE.
Si cela arrivait!... vous seriez un monstre, et je vous détesterais toute ma vie!... Et pourtant, vrai, je n'aurais pas le courage de vous dénoncer.

LÉON.
Que vous êtes bonne!

LA COMTESSE.
Je crois, en vérité, que je vous suis aussi dévouée qu'à... qu'à elle.

LÉON.
Eh! c'est trop juste... Votre mari, le comte de Bellaflor, le gouverneur des pages... n'est-il pas mon ennemi acharné?...

LA COMTESSE.
C'est pour cela que je suis dans le camp opposé... Je vous aime, par esprit de contradiction.

LÉON.
Vous seriez digne d'être Française.

LA COMTESSE.
N'est-ce pas?... (Plus sérieusement.) Vous êtes seul... bien seul?...

LÉON.
Oui.

LA COMTESSE.
A bientôt.... (Elle ouvre la petite porte dérobée.) Attendez. (Elle disparaît.)

SCÈNE II.

LÉON, puis MARIE.

LÉON, seul, avec dépit.
Que le diable emporte les souvenirs de Paris et de Versailles!... Est-ce que mes passions du régiment de Picardie vont maintenant me poursuivre jusqu'à Lisbonne, jusque dans ce palais!... C'est effrayant!... Je connais Marie..... Dévote, capricieuse et emportée, elle briserait son idole... Et moi, élevé si haut par un coup de fortune inespéré, si une imprudence précipitait ma chute!... s'il me fallait renoncer, non à cette puissance cachée, à ce titre... dont je suis fier pourtant... mais à cet amour, qui est ma vie, à présent!,.... Ah! ce serait affreux!...

(Il tombe assis sur le canapé, absorbé dans ses réflexions. La petite porte dérobée s'ouvre lentement, et une femme, en robe blanche, paraît : c'est Marie-Françoise. Elle s'approche doucement de Léon. l'entoure de ses bras et se laisse glisser près de lui sur le canapé.) Ah! (Il se lève vivement.)

MARIE, à demi-voix.

AIR : Des fils de la Vierge :

Pourquoi tant de respect? De toi qui le réclame?
    Reine en tous lieux,
Ici, seule avec toi, je ne suis qu'une femme...
    Ce que je veux,
C'est un mot, un regard, où l'âme s'abandonne,
    C'est du bonheur...
Là-bas, j'ai tout laissé, pouvoir, sceptre, couronne...
    Tout... pour ton cœur!

LÉON, tombant assis près d'elle.
Ah! Marie!...

MARIE, avec abandon.
Que crains-tu?... Est-ce qu'il y a ici des ministres, des ambassadeurs, qui cherchent à lire dans mes yeux et jusqu'au fond de mon âme?.. (Gaîment.) Mais je suis plus fine que toute la diplomatie européenne... Ils ont eu leur tour, ils ont volé à mon amour trois grandes heures, qui n'en finissaient pas... A ton tour!...

LÉON.
Oh! qu'il y avait long-temps!...

MARIE.
Bien vrai?... Tu trouves?... Ah! que c'est bien à toi!... Mais c'est qu'en effet nous ne nous

ACTE I, SCENE II.

voyons pas du tout... (Tristement.) Et le bonheur m'est venu si tard!... que je n'en voudrais pas perdre une minute... Ah! quand je pense à ces tristes années de ma jeunesse!...

LÉON.

Et j'étais loin de toi... je ne te connaissais pas!..

MARIE.

Et si, là-bas, en France, quelque officier de ton régiment prononçait devant toi le nom de Marie-Françoise, reine de Portugal... tu ne songeais pas à plaindre la pauvre petite princesse, mariée, à quatorze ans.. par raison d'état... à un oncle triste et grondeur... Car, c'est toujours par raison d'état qu'on nous sacrifie.... Mais, quand elle redevint libre, tu ne sentis pas là qu'il y avait un cœur qui attirait le tien?

LÉON.

Qui, moi?... pauvre cadet de famille, officier de fortune, irrité de l'inaction où l'on me laissait, je ne songeai qu'à accepter le grade qui m'était offert dans le nouveau régiment des gardes de la reine Marie-Françoise... et je partis pour Lisbonne.

MARIE, avec élan.

Oh! béni soit le jour où tu quittas la France! J'allais enfin être heureuse!... j'allais te voir, j'allais t'aimer!.. (Dévotieusement.) Hélas! t'aimer, ce pouvait être un crime... et je serais morte plutôt!... Mais, quand le ciel eut sanctifié notre union, ce n'était plus qu'un bon tour que je jouais à la raison d'état... et à tous les princes de l'Europe... Ce n'est que péché véniel.

LÉON.

Et c'est moi!... moi, qui n'avais rien!... qui n'étais rien!...

MARIE, lui mettant la main sur la bouche.

Oh! ne dis pas cela!... Et tant d'amour, de dévoûment ?.. voilà ton diadême... à toi, mon roi!... mon roi, pour moi seule!

LÉON, lui baisant la main.

Et quel charme dans cet amour secret, dans ce bonheur inconnu et mystérieux... que nul regard ne profane!...

MARIE, se levant.

Quel charme, oui!...* mais que de tourmens, aussi!.. Toujours séparée de toi, ignorant où tu es, ce que tu fais... je suis inquiète, malheureuse... j'ai peur... enfin... je suis jalouse!

LÉON, à part.

Nous y voilà!

MARIE.

Oui, jalouse!... Et si tu savais toutes les mauvaises pensées qui me viennent, dans ces longues heures de la nuit passées loin de toi!... Je te rêve ingrat, infidèle..... (S'animant.) Et alors, je sens que je serais impitoyable dans ma vengeance... Je cherche, j'invente des supplices pour toi... pour ma rivale!...

* Marie, Léon.

LÉON, souriant.

Imaginaire!

MARIE.

Tu crois?... (Très émue et froissant son mouchoir.) C'est que rien ne m'arrête!... pas même le lien qui m'unit à toi!... lien sans force, que d'un mot je puis briser comme..... (Entraînée par ce mouvement de jalousie, elle déchire le mouchoir qu'elle tenait.)

LÉON, le prenant et le lui présentant en souriant.)

AIR : C'était Renaud de Montauban.

Comme ce fragile trésor,
  Qui n'est pour rien dans nos querelles,
Tissu charmant, dont on paie à prix d'or
La broderie et les riches dentelles.

MARIE, baissant les yeux.

Je suis confuse... Ah! rends-moi...

LÉON.

                Le voilà...

(Riant.)

Mais tu conviendras qu'il faut être
  Une reine... pour se permettre
  D'être jalouse à ce prix-là.

MARIE, partant d'un éclat de rire.

Ah! ah! ah! ah! C'est le second, depuis hier...

LÉON.

Le second!...

MARIE.

Oui... une folie.... une extravagance.... dont je ne voulais pas rougir devant toi... car... (L'observant.) hier, à San-Carlos... cette femme... Oh! tu ne la connais pas!...

LÉON, hésitant.

Quelle femme?... Je ne sais...

MARIE, vivement.

Tu la connais!... Et ton trouble sous ses regards... ton émotion...

LÉON, avec assurance.

Ah! ah! ah!... Comment, toi, qui es plus fine que toute la diplomatie européenne... tu n'as pas deviné que c'étaient tes regards qui me troublaient ainsi?

MARIE.

Il se pourrait!

LÉON.

Devant toute la cour!... Imprudente!

MARIE.

Oh! si tu me trompais!... (Se reprenant.) Non, je te crois... et déjà, ce matin, j'avais chassé ces affreux soupçons.

LÉON.

Et la preuve?

MARIE.

C'est que, ce soir, ici, je m'invite... (Lui tendant un papier.) monsieur le colonel.

LÉON.

Colonel?... Se peut-il!... un brevet!...

MARIE, gravement.

De la part de la reine... (Gaîment.) Et... qu'y a-t-il pour le messager ? (Elle tend le cou.)

LÉON.

Ah ! Marie !...
(Il va pour l'embrasser ; la porte s'ouvre brusquement, et une voix s'écrie :)

LE COMTE.

De la part de la reine !...

MARIE.

Ciel !
(Elle met précipitamment un loup qu'elle tenait en entrant.)

SCÈNE III.

LES MÊMES, LE COMTE DE BELLAFLOR, UN VALET.

LÉON, allant à lui, avec colère.

Monsieur le comte de Bellaflor !.. Entrer ainsi chez moi, à l'improviste !...

LE COMTE.

De la part de la reine, monsieur Léon de Villarcy! De la reine !... A ce nom-là, toutes les portes doivent s'ouvrir, comme par enchantement.... et ce sont vos gens qui... (Apercevant Marie.) Ah ! une femme ! (A Léon.) Pardon... je conçois... la contrariété...
(Il salue à plusieurs reprises Marie, qui reste immobile.)

LÉON.

C'est un ordre de la reine qui vous amène ?

LE COMTE.

Un ordre... un caprice... Notre auguste souveraine en a beaucoup.

MARIE, s'oubliant.

Ah !
(Le comte la salue de nouveau,)

LÉON.

Vous trouvez ?...

LE COMTE.

Beaucoup... (Bas, à Léon.) Une tournure charmante !... (A part.) Qui ça peut-il être ?... Une robe blanche... Je vais prendre note de toutes les robes blanches de la journée.

LÉON.

Mais enfin, monsieur le comte, la reine...

LE COMTE.

Veut que je m'entende avec vous, sur le nouvel uniforme de ses pages... qui vont former désormais une compagnie de jeunes officiers... Idée bizarre... qui n'a pas le sens commun...

MARIE, même jeu.

Ah !
(Le comte la salue encore.)

* Marie, comte, Léon.

LÉON.

Merci... l'idée est de moi.

LE COMTE.

Ah bah ?... Je me soumets... il le faut... Mais, en ma qualité d'ex-gouverneur de messieurs les ex-pages... je dois vous dire que je n'admets pas dans leurs rangs... un de vos protégés, je crois... le chevalier Gil de San Perez, le neveu de l'amiral...

LÉON.

C'est un protégé de Sa Majesté.

LE COMTE.

Je m'en moque !

MARIE, même jeu.

Ah !

LÉON.

De Sa Majesté ?

LE COMTE, vivement.

Non !... je ne m'en moque pas !... Mais j'ai, sur ce jeune homme, des renseignemens.... épouvantables.... C'est un jeune audacieux, fraîchement débarqué du Brésil... Je ne le connais pas... mais je sais qu'il se flatte de mettre le feu à tous les cœurs de ces dames (Riant.) Ce n'est pas bien difficile... (Vivement.) Ah ! pardon, madame... (A part.) Elle doit avoir rougi !

LÉON.

Vous parlez de ces dames avec une légèreté !...

LE COMTE.

Ah ! vous les défendez.... c'est tout simple..., vous, qui vous élevez tous les jours, depuis que notre reine dévote est entourée de jeunes dames, fort jolies, qui forment un petit conseil de ministres.... en jupons.... et l'une d'elles.... un peu faible.... (Vivement.) Oh ! pardon, madame !..... (A part.) On ne peut pas voir, mais je suis sûr qu'elle rougit là-dessous.

LÉON, avec impatience.

Au fait, monsieur le comte !... Vous venez...

LE COMTE.

Je viens donc pour m'entendre avec vous sur cet uniforme... ce modèle..... que vous avez, dit-on, fait confectionner à Paris !... (Marie remonte et gagne furtivement la porte d'entrée, sans que le comte s'en aperçoive.) A Paris !... A présent, tout nous vient de là...

MARIE, à Léon, en passant et très bas.*

A ce soir.

LE COMTE, continuant.

C'est la France qui nous gouverne... Il faut s'attendre à des idées folles...

LÉON.

Folles ?

LE COMTE.

Avec ça que Sa Majesté doit s'en accommoder un peu.... car, nous pouvons le dire entre nous... sa tête n'est pas bien...
(En ce moment, Marie, qui s'était arrêtée sur le seuil de la porte, en entendant les derniers mots, s'échappe en partant d'un éclat de rire.)

* Le comte, Léon, Marie.

MARIE.
Ah! ah! ah!
LE COMTE, se retournant et remontant.
Hein?   (Elle a disparu.)

SCÈNE IV.

LÉON, LE COMTE, puis JUAN.*

LE COMTE, cherchant autour de lui.
Eh bien?... où est-elle donc?
LÉON, riant.
Je ne sais.... Ah! ah! ah!
LE COMTE, riant plus fort.
Ah! ah! ah!.. C'est donc une fée?.. Je la reconnaîtrai à sa robe blanche... Ah! ah! ah!
LÉON, riant de même.
Madame la comtesse de Bellaflor en avait une ce matin.... Ah! ah! ah!
LE COMTE, riant.
Ma femme?... Ah! ah!... (S'arrêtant tout à coup.) C'est vrai!
LÉON, à la porte à gauche.
Donnez-vous donc la peine de passer, monsieur le comte.
LE COMTE.
Me voici... Ce n'est pas que je sois inquiet, au moins!... La comtesse vous déteste... (A part.) comme moi.
LÉON.
Passez donc, monsieur le comte...
LE COMTE, à part, sur le seuil de la porte.
C'est ma foi vrai!... Une robe blanche!...
(Le comte sort à gauche, Léon va le suivre.)
JUAN, qui est entré doucement.**
Monsieur!
LÉON, s'arrêtant sur le seuil.
Ah! c'est toi!... Eh bien?... cette dame?....
JUAN, bas.
Elle a voulu m'arracher les yeux.
LÉON.
Tu n'as rien obtenu?
JUAN.
Elle veut absolument vous voir...
LÉON.
Et tu l'as quittée?
JUAN.
Elle m'a suivi.
LÉON.
Grand Dieu!
JUAN.
Mais elle a perdu mes traces...
LÉON.
Je respire... Si elle me revoit, je suis perdu!...
LE COMTE, en dehors.
Eh bien! monsieur de Villarcy...

* Léon, le comte.
** Juan, Léon.

LÉON.
Ainsi, de la fermeté et de l'audace... Je ne demeure pas ici.... je n'y suis plus... tu ne me connais pas... Ne sors pas de là, et je suis sauvé!
(Il suit le comte.)

SCÈNE V.

JUAN, puis, CHARLOTTE CLAPIER.

JUAN, regardant par la fenêtre du fond, à gauche.
Personne dans la cour du palais... nous en voilà débarrassés.
CHARLOTTE, paraissant au fond, en robe bleue, avec un loup à la main, et regardant autour d'elle*.
C'est par ici, bien sûr...
(Elle met son loup devant sa figure.)
JUAN, quittant la fenêtre.
Impossible qu'elle sache... (Se retournant et jetant un cri.) Ah!
CHARLOTTE, la figure découverte.
Juste!... voilà mon vieux!... Flattons ses cheveux blancs... (Haut.) Jeune homme... M. Léon?
JUAN.
N'est pas ici.
CHARLOTTE.
Sa demeure, s'il vous plaît?
JUAN.
N'est pas ici.
CHARLOTTE.
Cependant il vient au palais.
JUAN.
Pas ici.
CHARLOTTE.
Ah?... Eh bien! alors, je puis entrer par là.
(Elle se dirige vers la porte, à gauche.)
JUAN, se jetant au devant d'elle.
N'entrez pas!...
CHARLOTTE, riant.
Ah! ah!... vous voyez bien!... (Gravement.) Portugais, mon ami, vous êtes un imbécile.
JUAN.
Comment?
CHARLOTTE.
C'est ma façon de penser à votre égard... Et, comme vous avez le physique d'un valet de chambre, prouvez-moi vos talens, en annonçant à haute voix: Mademoiselle Charlotte Clapier, de Paris.
JUAN, effrayé.
Vous voulez donc le perdre!...
CHARLOTTE.
Le perdre?... Il n'y a pas vingt-quatre heures que je l'ai retrouvé... ce serait trop tôt, Portugais.
JUAN.
Mais, madame... Dieu!... le voici!... Sortez! sortez!

* Juan, Charlotte.

CHARLOTTE.

Sortir !... Tenez, voilà comme je sors... (Elle s'assied à droite; Léon et le comte entrent.) Oh ! ce n'est pas lui... (Elle se lève.) Je suis chez un garçon !... pour la morale !...
(Elle tourne le dos et met son loup.)

SCÈNE VI.

LES MÊMES, LE COMTE, LÉON*.

LE COMTE, rentrant le premier.

C'est fort joli, mais, pour des officiers... (Apercevant Charlotte.) Que vois-je !... la fée est revenue ?...

LÉON.

Que dit-il ? (Voyant Charlotte.) Quelle est cette femme ?

JUAN, bas.

C'est elle, monsieur, c'est elle !

LÉON.

Maladroit !
(Juan sort ; — le comte salue Charlotte ; —elle fait la révérence sans se retourner.)

LE COMTE, tournant autour de Charlotte.

Ah ! ça, mais, tout-à-l'heure la robe était blanche!... le visage était de la même couleur..... mais la robe était blanche... (Haut.) Charmante !

CHARLOTTE.

Ah !

LE COMTE, à part.

Absolument le même langage que l'autre !

LÉON, à part.

Quel embarras !... Que faire ?

LE COMTE, à part.

Est-ce une autre robe... ou une autre femme ?

CHARLOTTE, à part.

Quel est donc ce gros vilain, qui me prend mesure ?

LE COMTE, galamment.

AIR : Du piége.

Cette tournure annonce des attraits,
Qu'on admire sans les connaître :
Mais je voudrais bien voir les traits
Que vous ne laissez point paraître.
C'est un grand tort de cacher à nos yeux
Cette figure... il faut que j'en convienne.

CHARLOTTE, à part.

Il est un tort plus grand encor, mon vieux ;
C'est de ne pas cacher la tienne. **

LÉON, haut.

Allons, monsieur le comte, puisque vous approuvez...

LE COMTE.

Je vais donner des ordres aux fournisseurs de la cour... (Bas.) Bravo! mon cher... je vois que la faveur de sa majesté est très bien placée... (A part.) Malheureux ! si je voulais te perdre...

LÉON.

Au revoir, comte, au revoir.

LE COMTE.

Je vous laisse... Il y a des momens où l'on veut être seul... à deux.

CHARLOTTE.

Ah !...

LE COMTE, saluant.

Belle dame... (A part.) Bien décidément, c'est une autre femme... (Mouvement pour sortir. — Revenant.) A moins, cependant, que ce ne soit une autre robe...   (Il sort.)

SCÈNE VII.

LÉON, CHARLOTTE.

CHARLOTTE, ôtant son masque.

Me voilà !

LÉON.

Charlotte !

CHARLOTTE, avec élan.

Oui, ta Charlotte, ton ancienne amie... que tu as laissée, il y a deux ans, sur les rives de la Seine, qui a débarqué hier sur les plages de Lisbonne... et qui vient embrasser son petit lieutenant au régiment de Picardie !...
(Elle lui saute au cou.)

LÉON, effrayé.

Que faites-vous ?...

CHARLOTTE.

Hein ?.. qu'est-ce que c'est ?.. Vous, à présent !.. Est-ce que la police défend de se tutoyer, ici ?... Il fallait l'afficher dans les rues... Ou plutôt, est-ce que tu es devenu fier, parce que la graine d'épinards t'a poussé sur les épaules ?.. Est-ce que tu méprises tes vieux amis de Paris ?

LÉON, avec douceur.

Oh ! non... ne crois pas cela....

CHARLOTTE.

A la bonne heure... je te retrouve, je te reconnais... Car, hier, à l'Opéra...

LÉON.

Au théâtre San-Carlos...

CHARLOTTE, riant.

San-Carlos ?... Ils ont de drôles d'idées dans ce pays... Pourquoi ne disent-ils pas tout simplement l'Opéra ?.. Enfin, soit, à Saint Carlos... j'avais beau te dévorer de... de la lorgnette... tu ne m'as pas fait seulement un signe d'amitié., Tu étais gai comme un rossignol en cage... C'est au point que je me disais : mais ce n'est pas lui... ce

* Juan, deuxième plan. Léon, le comte, Charlotte
** Le comte, Léon, Charlotte.

* Léon, le comte, Charlotte.
** Charlotte, Léon.

n'est pas mon petit lieutenant, qui était si boute-en-train, qui riait, chantait toujours, quand il n'avait pas le sou... Ah! c'était le bon temps!

LÉON.
Oui... oui.., je sais... mais...

CHARLOTTE.
J'étais si occupée à te défigurer... toujours avec ma lorgnette... que j'ai à peine regardé vos Portugaises... Ce n'est pas beau... aussi, ça m'a rassurée pour moi... Il n'y a que la reine qui m'a paru gentille... Mais une reine! c'est trop haut, je n'en ai pas peur... Ah! ça, elle est donc veuve, cette pauvre petite princesse?... Quand je dis veuve, je suppose bien que, sans en parler à ses ministres... Hein?... qu'est-ce que ça te fait?... dis-le-moi... je n'en parlerai à personne, parole d'honneur.

LÉON.
Charlotte!... je vous... je t'en prie...

CHARLOTTE.
C'est juste... tu es maintenant de la cour... tu as peur de te compromettre... Autrefois, au régiment de Picardie, tu n'avais peur de rien...

LÉON.
Enfin, voyons, qui t'amène à Lisbonne?... et ici, chez moi?... Le but de ton voyage?

CHARLOTTE.
Oh! ça, c'est plus sérieux... Tu te rappelles quelle était ma réputation, ma vogue, comme faiseuse de modes... il y a deux ans... quand le régiment de Picardie régnait dans mon cœur... (Soupirant.) Ah! Dieu! l'ai-je aimé, cet être-là!... Enfin... (Reprenant.) Les petites maîtresses de la cour et de la ville ne juraient que par Charlotte Clapier... On n'aurait pas porté une robe ou coiffure, qui ne fût sortie de ma tête... Sans moi, la Dubarry... la Dubarry elle-même... n'aurait pas duré six mois... Sans mes coupes et mes façons, qui variaient sa beauté, le cœur de Louis-le-Bien-Aimé aurait bien vite passé à d'autres exercices... Voilà pourtant ce que l'histoire ne dira jamais!... Mais je m'en consolais, en gagnant 20,000 livres par an avec les dames de Versailles, et 40,000 avec les demoiselles de l'Opéra... de *Saint* Carlos, comme vous dites ici.

LÉON, impatient.
Enfin? enfin?

CHARLOTTE.
Voilà qu'un jour... c'est-à-dire, un soir... appelée à Trianon, pour poser une toque délicieuse sur le front de la reine... qui allait jouer dans une petite pièce de M. Sedaine... je trouve sa majesté vêtue d'un costume, qui ne sortait pas de mes ateliers, et abominablement coiffée par un nommé Léonard, qu'elle n'employait que les petits jours... Coup de théâtre!... Le rouge me monte *, je recule en repoussant ma queue, comme la Clairon,

*Léon, Charlotte.

et je laisse tomber ces mots: « Madame, ne comptez plus sur moi!... La monarchie se passera désormais de Charlotte Clapier!... elle s'en tirera comme elle pourra!.. » Et je fis une sortie!.. Ah!.. Non, vrai, j'ai été grande, j'ai été belle, j'ai été magnifique!

LÉON.
Mais tout cela ne me dit pas...

CHARLOTTE.
Nous y voilà... Brouillée avec la reine de France, il ne me convenait pas d'habiller des conseillères, des présidentes et des sauteuses... Fi donc!... Je résolus de fuir mon ingrate patrie... Mais où aller?... En Angleterre?... je n'aime pas les goddem... Ils paient bien... Je ne dis pas non... mais enfin... ça ne me rit pas... En Russie, à la cour de Catherine, qui nous faisait des offres, à M. de Voltaire et à moi?... Je suis trop frileuse... Ma passion effrénée pour les oranges me fit penser au Portugal, qui leur donna le jour... J'avais beaucoup entendu parler du fleuve du Tage, et je voulus voir ses bords heureux... Il y a par là, me disait-on, une jeune reine qui raffole des modes de France... C'était juste mon affaire, et je m'embarquai... Mais je ne m'attendais pas à trouver ici mon petit lieutenant au régiment de Picardie... mon... (Comme plus haut.) Ah! Dieu! l'ai-je donc aimé, cet être-là!... Enfin!... Ah ça! voyons, quel est ton poste au palais?... général... chambellan... quoi?... Tout m'est égal, tout me va... Je t'aime toujours, je t'aime plus que jamais, et...

LÉON.
Ah! de grâce!...

CHARLOTTE.
Quoi! encore de la fierté!

LÉON.
Non... non... Je t'aime aussi... plus que jamais... mais va-t-en.

CHARLOTTE.
Par exemple!... C'est comme ça qu'on s'aime sur les bords du Tage!..

AIR : J'en guette un petit de mon âge.

Je croyais être encor dans ma patrie,
En retrouvant en ces lieux mes beaux jours,
Mon régiment de Picardie,
Mes souvenirs et mes amours!
Dans ce salon, oui, grâce à ta présence,
C'est mon pays, c'est Paris que je vois!...
(Montrant la porte du fond.)
Ne me fais pas, une seconde fois,
Passer la frontière de France.

Voyons, qu'est-ce que tout ça signifie?...

LÉON.
Je te le dirai... plus tard... et tu comprendras mon embarras... (Vivement.) Mais je ne te suis pas moins dévoué pour ça... Je t'aiderai dans tes démarches... à la cour... près de ces dames...

CHARLOTTE.
Vrai ?... près de la reine?
LÉON.
Oui... Et tiens... va faire une demande, une pétition, pour la camerera-mayor.
CHARLOTTE.
La camerera-major?... Connais pas... C'est du Portugais, ça?...
LÉON.
C'est la première dame de Sa Majesté.
CHARLOTTE.
Pourquoi ne pas dire tout simplement la première dame de Sa Majesté?.. c'est bien plus clair... mais va pour la camer... enfin, n'importe... Je vais lui écrire.
LÉON.
C'est ça... chez toi... à ton hôtel.
CHARLOTTE.
Du tout... ici même.
LÉON, vivement.
Non! non! (Il va ouvrir la porte du fond.)
CHARLOTTE.
Tu refuserais à tes anciennes amours une plume et de l'encre!... Tiens, j'entre là...
LÉON, voulant l'arrêter.
Charlotte!
CHARLOTTE.*
Je suis à toi dans cinq minutes...
(Elle entre dans l'appartement à gauche.)

ooooooooooooooo:ooooooo.ooooooooooooooooooooooo

SCÈNE VIII.

LÉON, puis JUAN, puis TANCRÈDE DE BAMBINELLI.

LÉON.
Je n'ai pas pu lui échapper!... et la voilà établie, impatronisée chez moi!... Oh! mais je trouverai bien le moyen...
JUAN.**
Ce monsieur Italien, qui a demandé rendez-vous à Votre Excellence...
LÉON.
C'est bien... fais entrer... et puis, tu attendras un billet que je vais écrire. (Il se met à la table à droite et écrit.) La comtesse me sauvera... il le faut!
TANCRÈDE, l'accent italien.
Mon nom!... mon nom!... Perche?... Il signor Tancredi Bambinelli, gentilhomme de Monaco!.. Eccolo!...
LÉON, assis et écrivant.
Ah! c'est lui, ce cher Tancrède...
TANCRÈDE.***
Eh! bonjour, caro mio... come sti ?.. en?..

* Charlotte, Léon.
** Léon, Juan.
*** Tancrède, Léon.

Tant mieux... Je ne vais pas mal non plus... Vous êtes bien bon, je vous remercie. (Léon écrit toujours sans lui répondre.) Ne vous dérangez pas, je vous en prie.
LÉON.
Vous, à Lisbonne!
TANCRÈDE.
Suite de mes destinées vagabondes, carissimo... Un vrai juif errant... aux cinq sous près, qui ne suffiraient pas à mon entretien. (Léon, toujours assis, cachète sa lettre.)
LÉON.
Donnez-vous donc la peine de vous asseoir... (Il se lève. A Juan.) Vite... je l'attends... (Juan sort. Léon revient, et, tendant la main à Tancrède.) Toujours en route!...
TANCRÈDE, s'asseyant à droite.
Eh! que diable voulez-vous que je fasse?... Un Français vit en France, un Espagnol en Espagne, un Turc en Turquie... Ils respirent à l'aise dans leur patrie.. qui se développe, qui s'allonge, comme du macaroni... Ma un malheureux gentilhomme de la principauté de Monaco!.. il étouffe; il manque d'air, il manque de place... ça l'empêche de grandir... Nous sommes tous petits à Monaco, tous!... Je suis le plus grand de huit enfans... Il se lève.)
LÉON.
Diable!
TANCRÈDE.
J'étais las de faire sans cesse le tour du royaume... que je parcourais tous les matins avant mon déjeûner... pour me mettre en appétit... L'idée me vint de faire le tour de l'Europe... pour changer un poco... D'abord, c'est plus long... ensuite, plus varié... J'étudiais les femmes... et naturellement je débutai par la moderne Athènes, d'où nous viennent les ballets, l'encyclopédie et la poudre à la maréchale... Paris, enfin,.. (Tendant la main à Léon.) où je me liai avec le plus charmant cavalier que je connaisse, depuis Monaco jusqu'à l'Opéra.
LÉON.
Trop bon, vraiment... Et vous arrivez de?..
TANCRÈDE.
De ce même Paris... que j'ai pris en haine, en horreur!... où je ne remettrai les pieds, de ma vie!...
LÉON.
Ah! mon Dieu! (Riant.) Perche?
TANCRÈDE.
Perche! perche! (Baissant la voix.) J'ai été mystifié, caro mio.
LÉON.
Ah bah!... mystifié!... (A part, en riant.) Il doit y être fait.
TANCRÈDE.
Mystifié, comme un vero Pulcinello, per Dio!

* Léon, Tancrède.

Vous savez que je m'étais affilié à une bande de mauvais sujets, d'aimables bandits... dont vous étiez le chef, scélérat... (Se dandinant.) Nous faisions des bamboches indignes... nous saccagions, nous massacrions ces malheureuses femmes... que j'étudiais.... Ah! ah! ah! (Redevenant sérieux tout à coup.) Je suis furieux, quand j'y pense !

LÉON.
A votre mystification ?

TANCRÈDE.
Oui... Figurez-vous une conquête délicieuse, que j'avais faite au bal de l'Opéra... Une figure !... ah !... une taille !.. ah !.. un bras !... ah !.. Enfin, d'exclamations en exclamations je l'amène souper au cabaret, ma colombella, elle mange, elle boit...

LÉON.
Comme un oiseau ?

TANCRÈDE.
Comme un garde-française !... Nonobstant cet appétit... soldatesque, je veux la brusquer... (Je brusque beaucoup, c'est mon système...) Elle me repousse... Je suis très solide... le plus solide de huit enfans !.... Ma, je chancelle... Je réitère ma brusquerie... elle récidive... et je tombe assis dans un plat très chaud, qui me brûle... pas les doigts !.. et la demoiselle s'élance par la fenêtre, en me jetant sa robe à la tête...

LÉON.
Sa robe ?

TANCRÈDE, criant.
C'était un homme!... La demiselle était un monsieur !

LÉON.
Ah! ah! ah! ah!

TANCRÈDE.
Vous riez ?... Comme elle !... comme lui !... comme les garçons du cabaret !... comme tout le monde !... excepté moi !... moi, qui avais pu croire... qui avais... qui... Oh ! quelle *bestia!*...

LÉON.
Ah! mon pauvre Tancrède !

TANCRÈDE.
Ne pouvant me venger sur la demiselle... c'est à dire, sur le monsieur... je m'en pris à un de mes bons amis qui m'avait attiré dans le piége... Je me battis avec lui... je fus sans pitié, et je le... et il me blessa... ce qui fit encore rire tout le monde !.. toujours excepté moi !... Oh ! quelle grosse bestia !

LÉON, riant.
AIR : Qu'il est flatteur d'épouser celle.

Depuis, vous détestez, je gage,
Les pauvres femmes de Paris ?...

TANCRÈDE.
Les femmes de partout !... ma rage
Enveloppe tous les pays !

(S'adoucissant.)
Mais, pauvre agneau que l'on pourchasse,
Je voudrais rentrer au bercail...
(Furieux.)
J'exècre les femmes en masse !...
(Tendrement.)
Mais je les adore en détail.

LÉON.
Et c'est une de nos jolies Portugaises qui fera sortir Achille de sa tente?

TANCRÈDE.
Vos Portugaises ?.. *Per Bacco !*... Elles cachent toutes leurs figures sous des loups... Votre Lisbonne a l'air d'un grand bal masqué... et les bals masqués, je n'y ai plus confiance... il m'en a cuit... à la lettre... c'est-à-dire, quand je dis à la lettre... Du reste, je me félicite in petto de ne plus voir de visages découverts.

LÉON.
Comment ?

TANCRÈDE.
Vous me connaissez, caro mio... vous savez si jamais gentilhomme de Monaco fut plus inflammable que votre ami Tancrède... Non, vrai, je ne conçois pas les gens qui deviennent amoureux, petit à petit... Moi, c'est à la première vue, du premier coup, là, vlan !... J'aperçois une jolie femme... brune, blonde, ou autre... chose... mes yeux s'écarquillent, ma bouche s'ouvre très grande, je recule d'un pas, de deux pas, de trois pas... selon... en poussant une exclamation : oh! ou bien : ah !... C'est fait, je suis pris...

LÉON, riant.
C'est à ce point-là ?...

⁂

SCÈNE IX.

LES MÊMES, CHARLOTTE.

CHARLOTTE, tenant un papier.
Mon cher ami, voici la pétition que je...

TANCRÈDE, la regardant, ouvrant la bouche et reculant d'un pas.
Oh !

LÉON, riant.
Vous êtes pris ?

TANCRÈDE.
C'est fait !

CHARLOTTE, partant d'un éclat de rire.
Ah! ah! ah! ah!

LÉON.
Et vous n'aviez jamais vu madame?

TANCRÈDE.
Jamais !... et vous avez remarqué... vlan !... (A Charlotte.)** Ah ! mademiselle !...

* Charlotte, Léon, Tancrède.
** Charlotte, Tancrède, Léon.

CHARLOTTE.
Ah! monsieur!...
TANCRÈDE, bas à Léon.
C'est une demiselle?
LÉON.
Parbleu!
TANCRÈDE, bas.
Y tenez-vous?
LÉON.
Allons donc!
TANCRÈDE.
Alors, on pourrait...
LÉON.
L'enlever!... Oui... ça lui ferait plaisir... et à moi aussi...
TANCRÈDE, avec joie.
Vrai?... (Vivement, à Charlotte, qui examinait autour d'elle.) Ah! mademoiselle! (Bas à Léon.) C'est une demiselle?
LÉON.
Parbleu!
TANCRÈDE, à Charlotte.
Vous voyez à vos pieds... un gentilhomme de Monaco rempli de douceur et de...
JUAN, entrant vivement, bas à Léon.*
Madame la comtesse!
TANCRÈDE, se retournant.
Hein?
LÉON.
Pardon, mon cher Tancrède... mais une personne que j'attendais...
TANCRÈDE, se relevant.
Et le premier ministre qui m'attend!... je cours à son audience... Je lui suis recommandé... il doit me présenter à la reine... J'avais bien pensé à vous pour cela... ma vous êtes un petit officier... au lieu que le ministre...
(Il va reprendre son chapeau, qu'il avait déposé sur la table à droite.)
CHARLOTTE, à Léon.
Est-ce qu'il va tomber amoureux de moi, cet indigène de Monaco? **
LÉON.
Eh! mais... fortune de fermier-général!...
CHARLOTTE.
Esprit idem...
TANCRÈDE.
Adio!... je reviens*** (A Charlotte.) vous serez ici, mia cara?.. Je vous demande la permission de vous faire ma cour... Al piacere di revedervi,
(Il rencontre au fond la comtesse, recule, salue et sort.)

* Juan, deuxième plan. Charlotte, Tancrède, Léon.
** Charlotte, Léon, Tancrède.
*** Charles, Tancrède, Léon.

SCÈNE X.

LA COMTESSE, LÉON, CHARLOTTE. *

(Léon va la prendre par la main et l'introduit.)

LA COMTESSE.
Une femme!... (Reconnaissant Charlotte.) Eh! mais! l'inconnue du spectacle!...
LÉON, bas à la comtesse.
Vous avez reçu ma lettre?
LA COMTESSE.
Et j'accours...
LÉON.
Ah! que vous êtes bonne!... (Présentant Charlotte.) Mademoiselle Charlotte de Clapier...
CHARLOTTE, à part.
Oh! de...
LÉON, à Charlotte.
Madame la comtesse de Bellaflor...
CHARLOTTE, à part.
Qu'est-ce que c'est que ça, encore?... toujours du portugais?
LÉON, à Charlotte, bas.
Une dame qui me protège...
CHARLOTTE.
Qui te... Ah! bon!... bien!... compris... Elle donne aussi dans le régiment de Picardie, celle-là!
LA COMTESSE, bas.
Ah! malheureux!... je devine tout... ce danger qui vous menace...
LÉON, bas.
Eh! mon Dieu! le voilà!...
(La comtesse et Charlotte se saluent en s'observant.)
LA COMTESSE.
Mademoiselle...
CHARLOTTE.
Madame... (A part.) Corsage manqué... coupe arriérée... Allons, le Portugal en est encore à l'enfance de l'art.
LÉON, haut.
Comtesse... permettez-moi de vous recommander tout particulièrement mademoiselle Charlotte de Clapier... (Charlotte fait la révérence.) Une des célébrités de Paris et de Versailles... (Nouvelle révérence.) que j'ai eu l'honneur de connaître autrefois...
CHARLOTTE, nouvelle révérence. A part.
Oh! l'honneur!...
LÉON, bas à la comtesse.
Et dont il faut me débarrasser à tout prix...
CHARLOTTE, tendant l'oreille.
Hein?... (A part.) Ils parlent bas.

* Charlotte, Léon, la comtesse.

ACTE I, SCENE XI.

LÉON.

Mademoiselle Charlotte vient s'établir à Lisbonne, pour y opérer une révolution dans les modes... (Bas.) et je veux qu'elle en parte sur-le-champ.

CHARLOTTE, même mouvement.

Quoi?... (A part.) Qu'est-ce qu'ils disent?

LA COMTESSE.

Comment donc! * je serai trop heureuse de venir en aide à mademoiselle de Clapier... (Révérence de Charlotte.) Et, comme j'entends être la première dame du palais qui soit parée de ses mains... (Bas, à Léon.) ne craignez rien... (Haut.) j'emmène dès aujourd'hui mademoiselle dans mon château, à quelques lieues de Lisbonne... (Bas à Léon.) Ce soir, elle sera embarquée...

CHARLOTTE, comme plus haut.

Plaît-il?... (A part.) Ils chuchottent !

LÉON.

Que de remercîmens, chère comtesse !

CHARLOTTE, à part.

Et moi, je ne te remercie pas, Portugaise !

LÉON, bas.

Si elle reparait à Lisbonne, je risque à tout moment... (La comtesse, voyant Charlotte s'approcher, tousse ; il se tait.)

CHARLOTTE, à part.

Oh! il y a quelque chose là-dessous !...

LÉON.

Mademoiselle Charlotte accepte avec reconnaissance.

CHARLOTTE.

Ah! mais... permettez...

LA COMTESSE.

Ainsi, dans une demi-heure...

LE COMTE, en dehors.

Eh! si fait... il est chez lui !

Le comte !

LA COMTESSE.

Mon mari ! (Elle met vivement son loup.) **

CHARLOTTE.

Ah! bah! son...

LÉON, effrayé, à Charlotte.

Ciel! prends garde !

CHARLOTTE, mettant son loup.

Sois donc tranquille... Me voilà, comtesse... Tous les loups sont égaux.

LE COMTE, paraissant au fond.

Au nom de la reine !...

* Charlotte, la comtesse, Léon.
* Charlotte, Léon, la comtesse.

SCÈNE XI.

LES MÊMES, LE COMTE.

LÉON.

Eh! quoi! c'est encore au nom de la reine...

LE COMTE.

Que je viens vous apport... (Apercevant les deux femmes et sautant sur lui-même.) Deux, cette fois-ci!... deux, en même temps!... (Il les salue, et à part.) Décidément, ce n'était pas une autre robe... c'était une autre femme.

CHARLOTTE, à part.

Ah! c'est le gros vilain... il a une bonne tête.

LÉON.

Enfin, monsieur le comte..,

LE COMTE.

Vous êtes un heureux mortel, mon cher!

LA COMTESSE.

Ah!

CHARLOTTE.

Ah!

LE COMTE, à part.

Ah!... Ce sont bien les mêmes!... elles parlent la même langue.

LÉON.

Quand vous daignerez, monsieur le comte...

LE COMTE.

Pardon... m'y voici... Monsieur de Villarcy, sa majesté, voulant récompenser vos loyaux services, m'a chargé de vous faire connaître qu'elle vient de vous nommer marquis de Santa-Cruz...

LÉON.

Se peut-il !

LA COMTESSE, à part.

C'est bien !

CHARLOTTE, de même.

Tiens ! le voilà marquis !... (Bas, à Léon, en lui prenant la main.) Je t'en fais mon compliment, petit.

LÉON.

Chut !

LE COMTE.

Voilà où mène la bonté des dames... Hé! hé! hé !

LA COMTESSE.

Ah !

CHARLOTTE.

Ah !

LE COMTE.

Ah! (A part.) C'est exactement la même chose... (Haut.) Les ministres sont encore près de la reine... je vais rendre compte de ma mission.

LÉON.

Je vous prie de me présenter... il me tarde de remercier sa majesté de tant de faveurs.

* Charlotte, Léon, le comte, la comtesse.

LE COMTE.
Le fait est que vous nous écraserez tous, si l'on ne vous arrête... (A part.) Et je m'en charge... (Saluant.) Mesdames... (A part.) Dans cinq minutes...

LA COMTESSE, qui s'est approchée de Charlotte, à demi-voix.*
Tout à l'heure, sous cette fenêtre, une voiture de place, dans laquelle je vous attendrai... Vous y monterez ?...

LÉON, qui s'est approché.
Elle y montera.

CHARLOTTE, bas.
Vous pouvez compter là-dessus...

LA COMTESSE.
A bientôt... (Elle s'éloigne.)

LE COMTE.**
Désolé de vous avoir dérangé... marquis... (Bas.) Dites donc, vous n'avez pas peur, quand elles seront seules... qu'une explication... vlan ! vlan !... Ah ! ah ! ah !

LÉON.
Monsieur le comte !...

CHARLOTTE, à part.
Tiens ! il est content, le gros !..

LE COMTE, après avoir salué.
Venez-vous ?... (Il remonte la scène.)

LÉON.
Je vous suis...
(Il échange avec la comtesse un signe d'intelligence.)

CHARLOTTE, qui l'a remarqué, à part.
Je te vois, va, je te vois...
(Léon rejoint le comte pour sortir. La comtesse gagne la petite porte dérobée pour s'esquiver. Charlotte ôte son loup, et, en ce moment, le comte revient brusquement en scène, en poussant un grand cri.)

LE COMTE.
Ah !

LA COMTESSE, s'arrêtant.
Ah !

CHARLOTTE, remettant vivement son loup.
Ah !

LÉON.
Quoi donc ?

LE COMTE, passant d'un grand sérieux à un sourire.
Non... non... ma femme avait une robe blanche.
(Il sort. Léon le suit et la comtesse s'esquive par la petite porte, tandis que Charlotte est remontée. Mais celle-ci, se retournant tout à coup, voit la porte se fermer et y court aussitôt.)

SCÈNE XII.

CHARLOTTE, puis TANCRÈDE.

CHARLOTTE, secouant la porte.
Impossible !... fermée ! (Otant son loup et revenant en scène.) Oh ! oui, qu'il y a quelque chose

* Charlotte, la comtesse, Léon, le comte.
** Charlotte, le comte, Léon, la comtesse.

là-dessous !... Le régiment de Picardie mitonne quelque infamie à mon adresse... Ah ! mais, halte-là !... je ne me laisserai pas mystifier, comme ce gros mari, qui m'a bien l'air d'être... Et même cela me suggère une réflexion philosophique... Il paraît que les maris sont les mêmes dans toutes les parties du monde... comme la lune... et soumis aux mêmes révolutions... Ça les regarde... Mais, moi, je dois avoir plus d'esprit que cette Portugaise, qui vous a un corsage fagotté... Va donc... va m'attendre dans ta voiture de place... Si tu la prends à l'heure, elle te reviendra cher, la plaisanterie...

AIR de la marseillaise des femmes. (Eugène Déjazet.)

J'ai pénétré leur espérance,
Je vois leur projet infernal.
Eh bien ! tant mieux !... voilà la France
En guerre avec le Portugal !
  Nobles dames de Lisbonne,
  Par qui ce cœur m'est ravi,
  Votre dédain m'aiguillonne,
  Et j'accepte le défi !
    Garde à vous ! (bis.)
Je suis Française et Parisienne !
Il faut, morbleu ! qu'on s'en souvienne !
    Garde à vous ! (bis.)
    Oui, d'avance,
Je brave ici votre courroux !...
    Vengeance ! (ter.)
Mesdames, défendez-vous !

DEUXIÈME COUPLET.

O trahison ! ô perfidie !
Grand Dieu ! peut-on ainsi changer ?
Mon régiment de Picardie
Qui veut passer à l'étranger !...
  Non !... à votre dépendance,
  Je viens enlever son cœur,
  Je viens, au nom de la France,
  Reprendre le déserteur !
    Garde à vous ! etc.

(Secouant la porte.) Mais cette porte, cette porte...

TANCRÈDE, entr'ouvrant la porte du fond.
Oh ! Dio ! si elle y était encore !...*

CHARLOTTE.
Où peut-elle conduire ?

TANCRÈDE.
Elle y est !

CHARLOTTE.
Hein ?.. Tiens ! c'est Monaco.

TANCRÈDE.
Et elle est seule !... Vous êtes seule !

CHARLOTTE, à part et vivement.
Si je pouvais l'utiliser ? (Le regardant et s'oubliant.) Il n'a pas l'air fort.

* Tancrède, Charlotte.

ACTE I, SCÈNE XII.

TANCRÈDE.
Moi ?.. Je suis le plus fort de huit enfans !..
CHARLOTTE, éclatant de rire.
Ah ! ah ! ah ! ah !
TANCRÈDE, de même.
Ah ! ah ! ah !.. (A part.) Elle rit !.. tant mieux !.. Je brusque, c'est mon système... (Haut.) Madame... ou mademiselle... Vous voyez à vos pieds un gentilhomme de Monaco, rempli de douceur et de...
CHARLOTTE.
Encore !... Vous vous répétez, caro mio.
TANCRÈDE.
Ce que je vais ajouter va vous paraître absurde... mais je suis comme ça.
CHARLOTTE.
Comme vous dites ?
TANCRÈDE.
Oui... Moi, c'est à la première vue, du premier coup, là, vlan !... c'est fait, je suis pris.
CHARLOTTE.
Eh ! bien ! vous ne perdez pas de temps !..
TANCRÈDE.
C'est vous dire qu'en vous voyant... (Lui prenant vivement la taille.) Vlan !
CHARLOTTE, le repoussant.
Ah ! mais...
TANCRÈDE, chancelant et regardant derrière lui.
Oh !... s'il y avait eu quelque chose de chaud !...
CHARLOTTE.
Quoi ! chez un ami !...
TANCRÈDE.
Oh ! ne faites pas attention... c'est prévu... J'ai demandé à Léon s'il tenait à vous...
CHARLOTTE.
Et il vous a répondu ?...
TANCRÈDE.
« Enlevez-la, vous lui ferez plaisir... et à moi aussi. »
CHARLOTTE, furieuse.
Vrai ? (A part.) Le scélérat !... Et moi qui l'ai aimé... comme on n'aime plus !... ô reconnaissance, tu n'es qu'un mot !... (Haut.) Écoutez, Monaco !
TANCRÈDE.
Tancrède de Bambinel...
CHARLOTTE, plus fort.
Écoutez, Monaco !.. Des raisons énormes m'empêchent d'encourager ouvertement votre flamme... Cela tient à une foule de mystères, que je ne puis vous dire... mais vous pouvez m'interroger... je ne vous répondrai pas.
TANCRÈDE.
C'est clair... Continuez.
CHARLOTTE.
Supposez, si vous voulez, que j'appartiens à une illustre famille...
TANCRÈDE, avec joie.
Ah ! bah ?

CHARLOTTE.
Vous serez complétement dans l'erreur... Mais je ne vous empêche pas de faire un éclat, une esclandre... Monaco !...
TANCRÈDE.
Tancrède de Bambi...
CHARLOTTE.
Monaco... *As-tu du cœur ?*
TANCRÈDE.
Si j'ai du... *Tout autre que mon père...*
CHARLOTTE.
Alors, suivez le conseil de votre ami... (A part.) Le monstre !... (Haut.) Enlevez-moi !...
TANCRÈDE.
C'est dit !... Je vous enlève !
CHARLOTTE.
Écoutez, Monaco !
TANCRÈDE.
Tancrède de Bambi...
CHARLOTTE, plus fort.
Écoutez, Monaco !
TANCRÈDE.
Je le veux bien... Monaco vous écoute... (A part.) Passons-lui ce *lapsus*.
CHARLOTTE.
Tout-à-l'heure, sous cette fenêtre, vous verrez une voiture de place... Une femme vous y attendra...
TANCRÈDE.
Une femme ?...
CHARLOTTE.
Ce sera moi... Dites au cocher de partir au grand galop, toujours tout droit, et montez.
TANCRÈDE.
C'est fait... J'y cours...
LÉON, en dehors.
Suivez-moi dans un instant.
CHARLOTTE.
C'est Léon !
TANCRÈDE.
Presto, cara mia !...
CHARLOTTE, au fond.
Suivez-moi... Ah ! Prenez cela... (Elle lui montre son voile qu'elle a jeté sur un fauteuil.)
TANCRÈDE.
Ah ! oui... (Il prend le voile et le baise avec transport ; pendant ce temps, Charlotte, qui feignait de sortir, se glisse sous le rideau de la croisée. Léon entre.)
LÉON, à la cantonade.
Je n'y suis pour personne... (Apercevant Tancrède.) Ah ! Encore * !
TANCRÈDE.
Chut ! amico mio... Une affaire très pressée... je la suis... je l'enléve... hé ! hé ! hé !... chut ! (Il sort.)
LÉON.
Vraiment ?.. bonne chance !
CHARLOTTE, à part.
Merci, petit !

* Charlotte, Léon, Tancrède.

SCÈNE XIII.

CHARLOTTE, cachée, **LÉON, JUAN** *.

LÉON.

A merveille!... Si elle échappe à la comtesse, Tancrède m'en débarrassera... Ah! ce n'est pas sans peine!

CHARLOTTE, à part, le montrant.

Damnez-vous donc pour ça! (Elle disparaît en voyant rentrer Juan, qui, aidé d'un autre valet, apporte une petite table élégamment servie.)

LÉON, à part.

Et maintenant Marie peut venir au rendez-vous... Deux couverts... un souper mystérieux!... C'est charmant! (A Juan.) C'est bien... Ferme toutes les portes et fais bonne garde, surtout... La voiture est en bas?... (On l'entend rouler.)

JUAN.

Elle part, monseigneur... (Il sort.)

LÉON.

Bravo!... c'est elle!... c'est Charlotte qu'on enlève! (Il met le verrou à la porte du fond et va écouter près de la porte dérobée.)

(Pendant ce temps, Charlotte a gagné la table, s'est assise, et se versant à boire :)

CHARLOTTE, haut.

Au régiment de Picardie!

LÉON, se retournant avec effroi.

Grand Dieu! Encore toi!

CHARLOTTE.

Grand Dieu! Encore moi... A table, marquis!

LÉON.

Ah! j'ai une sueur froide! (Regardant la petite porte.) Je suis perdu!

CHARLOTTE.

Quelle attention!.. Deux couverts... comme à Paris!.. Tu comptais sur moi... (A part.) Il y a de l'amour sous jeu... il enrage... c'est amusant!.. (Haut.) A table, marquis! (Lui jetant une serviette.) A ta santé!

LÉON, à part.

Ah! mon Dieu! j'ai cru entendre...

CHARLOTTE, après avoir bu.

Il est ravissant, ton vin... et sucré!... C'est ce qu'il y a de mieux dans ce pays... Son nom?...

LÉON.

Oh! Charlotte... ma chère amie... va-t-en!

CHARLOTTE, criant.

Son nom?

LÉON.

Du Malvoisie... et va-t-en!

CHARLOTTE.

Comment! est-ce que nous attendons encore quelqu'un?..

* Charlotte, Léon.

LÉON.

Eh bien!.. puisqu'il faut te l'avouer... oui!..

CHARLOTTE, se levant.

Une femme!

LÉON.

Peut-être.

CHARLOTTE.

Tant mieux encore!... Nous serons deux... Nous allons rire... Je lui raconterai les anecdotes du régiment de Picardie.

LÉON.

Oh! tais-toi!... Pas un mot du passé!

CHARLOTTE, s'attendrissant peu à peu.

Tu l'as oublié, ingrat!... Quand j'étais heureuse de te retrouver, quand j'accourais avec joie pour te rappeler nos beaux jours et te demander un sourire pour prix de mon amour passé, tu me fermes ton cœur! tu me reçois avec la morgue d'un parvenu, d'un marquis de contrebande!... et, pour te débarrasser de moi, tu veux me faire enlever par une grande dame... perfide!... ou par un imbécile de Monaco, à qui tu dis : Prenez-la! je n'y tiens plus!... (Elle essuie ses larmes.)

LÉON.

Mais je t'assure...

CHARLOTTE.

Ah! c'est affreux!... (Avec colère.) Eh! bien, non!... Je reste!.. Je suis ici chez toi... chez moi... c'est tout comme. (Elle s'assied.)

LÉON.

Y penses-tu?

(Il enlève la table et la porte au fond.)

CHARLOTTE.

Qu'est-ce que tu fais?

LÉON.

Mais si j'attendais une dame!... une grande dame!

CHARLOTTE.

Qu'est-ce que je suis donc, moi?... Charlotte *de* Clapier!... Tu m'as anoblie.

LÉON.

Mais, s'il y allait de la liberté... de la mienne?

CHARLOTTE, se relevant.

Ah! dis donc!.. pas de plaisanterie!... Ta comtesse serait capable...

LÉON.

Eh! la comtesse... Il s'agit bien d'elle!

CHARLOTTE.

Tiens! tiens! tiens! Il y en a une autre?

LÉON.

Si l'on te surprend ici... tu seras enfermée pour le reste de tes jours à San-Bento!

CHARLOTTE.

Qu'est-ce que c'est encore que San-Bento?...

LÉON.

La Bastille de Lisbonne!

CHARLOTTE.

Alors, fallait donc le dire tout de suite!... Mais je veux tout savoir.

LÉON, vivement.

Eh bien! tu l'exiges... mon sort est dans tes mains... Apprends donc... Chut!... Des pas précipités!... Où fuir? où te cacher?...

(Il court pour ouvrir la porte du fond.)

CHARLOTTE, épouvantée et courant dans tous les sens.

Ah! mais! ah! mais!... Je ne ris plus... avec ton San-Bento, ta bastille!... Oh!

(Elle se jette dans l'appartement à gauche. La porte dérobée s'ouvre aussitôt et la reine paraît.)

SCÈNE XIV.

LÉON, MARIE.

(La reine est entrée brusquement, dans la plus vive agitation, et regarde autour d'elle.) *

MARIE, se contraignant.

Que faites-vous donc là, mon ami, à cette porte?

LÉON, très troublé.

Je... j'allais pousser ce verrou.

MARIE.

Ah?... Et pourquoi donc me dire cela d'un air si troublé... d'une voix si émue?

LÉON.

Nullement, je te jure. (A part, en regardant la porte à gauche.) Elle est là!

MARIE.

Écoute, Léon... c'est sans doute une nouvelle folie, dont je te demanderai pardon plus tard....

LÉON.

Ah! que dis-tu là!...

MARIE.

Mais je ne sais pas me contraindre, moi... je ne sais pas dissimuler... Il faut que mes doutes, que mes soupçons éclatent... car cela m'étoufferait!

LÉON.

En vérité, Marie, je ne te comprends pas.

MARIE.

Non?... on m'a trompée, n'est-ce pas?... c'est possible... mais enfin, on a parlé, on t'accuse...

LÉON.

Moi!

MARIE.

Et il faut que tu te justifies... pour toi, pour moi... il le faut!

LÉON.

Me justifier?... Mais de quoi?

MARIE, ne se contenant plus.

D'une accusation infâme!.. d'une trahison, que ta perte ne suffirait pas à expier!... d'un crime, d'un... (Avec élan.) Mais, dis-moi donc que c'est faux! dis-moi donc qu'il en a menti, ce comte de Bellaflor!

* Leon, Marie.

LÉON.

Le comte!

MARIE, vivement.

Tu as pâli!

LÉON, avec dédain.

Et c'est sur la foi d'un tel homme...

MARIE.

Oh! je sais ce que tu vas dire... je sais qu'il te porte envie... qu'il te considère comme un rival à ma faveur... Je sais qu'il voudrait te perdre... Mais, quand il a dit cela, connaissait-il le lien secret qui nous unit?... croyait-il allumer la jalousie dans le cœur de la reine, en parlant des amours d'un officier des gardes?... en racontant comment il avait rencontré ici, chez toi... (Mouvement de Léon.) A-t-il dit vrai? a-t-il menti?... Voilà tout... voilà ce que je veux savoir... ce que je saurai!

LÉON, regardant la porte de sa chambre.

Et pas d'autre issue!

MARIE, qui a surpris son regard.

M. de Villarcy... ouvrez cette porte!

LÉON, à part.

Ciel! (Elle fait un pas.) Je l'ouvrirai, oui, Marie... oui madame... Mais un seul mot!.. Ah! ces soupçons, ils m'ont blessé là!... Quoi! si vous trouviez une femme chez moi...

MARIE.

Une femme!... chez toi!

LÉON.

Sa présence seule parlerait plus haut que mes sermens et mes protestations!...

MARIE, avec fermeté.

Oui.

LÉON, se rapprochant.

Tu croirais, Marie, tu croirais que l'homme qui t'aime... qui a ton amour... a pu tout oublier en un instant!

MARIE.

Oui.

LÉON, élevant la voix et la dirigeant du côté de l'appartement.

Vous croiriez, madame, qu'un officier, un soldat, que votre royale main a daigné élever jusqu'à vous... que la reine de Portugal a nommé son mari... aurait lâchement trahi sa foi de gentilhomme!

MARIE.

Monsieur, encore une fois, ouvrez cette porte!

LÉON, accablé.

Votre Majesté l'ordonne?... Mais j'espérais... (Mouvement de Marie.) J'obéis. (A part.) Adieu tous mes rêves de bonheur!

(Il s'avance lentement vers la porte; Marie semble agitée par un combat intérieur. Au moment où Léon va tourner la clé, elle s'élance vers lui et l'arrête.)

MARIE, avec effusion.

Non! non! je ne le veux pas!... Si l'on m'a trompée, si tu n'es pas coupable... c'est infâme, ce que je fais là !... Non ! non ! n'ouvrez pas... Je te crois ! (Elle se jette dans ses bras.)

LÉON.

Ah ! Marie ! pour tant de confiance, ma vie entière...

(La porte du fond est ébranlée, on entend la voix du comte ; la porte s'ouvre enfin et il entre en désordre. Marie remet à la hâte son loup.)

SCÈNE XV.

MARIE, LÉON, LE COMTE. *

LE COMTE, exaspéré.

Ma femme, monsieur !... rendez-moi ma femme !... que vous avez enlevée !

LÉON.

Malheureux !

MARIE.

Qu'entends-je !

LE COMTE, la voyant.

Ah ! c'est elle ! (Il s'élance vers Marie, pour lui arracher son loup... Marie se retourne et se démasque.) La reine !

MARIE.

Qu'y-a-t-il, monsieur le comte ? que se passe-t-il ?... Expliquez-vous !

LE COMTE, tremblant.

Madame... (A part.) La reine !... Oh !

MARIE.

Parlez !

LÉON.

J'ignore...

MARIE, frappant du pied, avec impatience.

Mais parlez donc !

LE COMTE.

Pardon !... je ne savais pas... (A part.) La reine !... Ah ! ça, elle est donc... (Haut.) Voilà ce que c'est : On a vu dans une voiture de place... je croyais que la comtesse... ma femme...

MARIE.

La comtesse cachée, ici !.. (Mouvement de Léon.) Monsieur le comte, je vous ordonne de pénétrer dans cet appartement !

LÉON, se jetant devant la porte.

Arrêtez !... Que Votre Majesté songe bien...

SCÈNE XVI.

LES MÊMES, CHARLOTTE.

La porte s'ouvre tout à coup, et Charlotte paraît, revêtue d'un uniforme d'officier. Mouvement général.)

CHARLOTTE.

Monsieur de Villarcy, je suis à vos ordres... **

* Léon, le comte, Marie.

** Charlotte, Léon, le comte, Marie.

(Feignant d'apercevoir la reine.) Ah ! madame... pardon. (A part.) En voilà, du merveilleux !

LÉON, qui est demeuré immobile, à part.

Charlotte !

MARIE, à part.

Un homme !

LE COMTE, de même.

Qu'est-ce que cela veut dire ?

CHARLOTTE.

Vous m'aviez ordonné d'attendre... mais ces cris, ce bruit... Mon Dieu ! qu'est-ce donc ?... comme ce monsieur est pâle !

LE COMTE.

Moi ?... non... si...

MARIE, tremblante d'émotion.

Monsieur... qui êtes-vous ?

CHARLOTTE, respectueusement.

Un jeune officier, que monsieur de Villarcy veut bien protéger... à qui il a promis son admission dans...

LÉON, vivement.

Dans la nouvelle compagnie des pages-officiers... Que votre majesté me permette...

CHARLOTTE, jouant la surprise.

Ah ! sa majesté !... (Elle s'incline.) Je ne savais pas...

LÉON, continuant.

Me permette de lui présenter monsieur... Gil de San-Perez...

CHARLOTTE, à part.

Gilles !... Ah ! par exemple, il pouvait me choisir un autre nom...

MARIE.

Ah ! c'est là... le neveu de l'amiral...

LE COMTE, à mi-voix.

Ce petit mauvais sujet... qui nous arrive du Brésil !...

LÉON, continuant.

Et cet uniforme, celui que je ne voulais montrer à votre majesté, que lorsque tous ses pages en seraient revêtus... mais il me faut renoncer à mes projets de surprise... (Bas, en s'approchant.) Comprends-tu, maintenant, Marie, pourquoi j'hésitais à ouvrir cette porte ?... Ah ! j'espérais plus de confiance !...

MARIE, de même.

Grâce ! grâce !... j'étais folle !

(Ils se serrent furtivement la main.)

CHARLOTTE, lui serrant l'autre main.

Je t'ai sauvé.

MARIE.

Monsieur le comte, M. de San-Perez fait désormais partie de ma maison, et sera particulièrement attaché à mon service.

CHARLOTTE, à part.

Qu'est-ce qu'elle dit ?... (Haut.) Madame la reine... je suis honorée... certainement...

LÉON, bas.

Tais-toi !

* Charlotte, Léon, Marie, le comte.

ACTE II, SCÈNE I.

CHARLOTTE, bas.

Ah bien ! oui, mais... (Haut.) C'est que j'aurais voulu... je veux retourner dans mon pays... en Fr...

LÉON, vivement.

Au Brésil !

CHARLOTTE.

Oui... au Brésil...

MARIE.

Vous resterez... je l'ai promis à votre oncle... je vous en prie...

CHARLOTTE.

Mais...

MARIE.

Je le veux !

LE COMTE, à part.

Ah çà, mais, dans tout cela, qui donc a enlevé ma femme ?

MARIE, bas, au comte.

Quant à vous, je ne vous pardonnerai de ma vie !

LE COMTE.

Ah ! ciel !...

(Pendant qu'il s'efforce de se justifier :)

LÉON, profitant de ce mouvement, et bas à Charlotte.

Maintenant, tu es un homme !... tu ne peux être qu'un homme !... toujours !

CHARLOTTE.

Plaît-il ?

LÉON.

Ou je suis perdu !... et toi aussi !

CHARLOTTE, à part.

Hein ?... Eh bien ! j'ai fait là un joli coup !

(Marie, prête à sortir à droite, fait un signe d'adieu à Léon, Charlotte va pour lui parler; il la retient et lui impose silence. Le rideau baisse.)

ACTE DEUXIÈME.

Un salon des appartemens de la reine. Trois portes au fond, s'ouvrant sur une galerie. A droite, l'appartement particulier de la reine. Porte à gauche. Du même côté, au deuxième plan, une fenêtre et un balcon.

SCÈNE I.

MARIE, LÉON, CHARLOTTE, en officier, LE COMTE DE BELLAFLOR, LA COMTESSE, OFFICIERS, DAMES D'HONNEUR.

(Au lever du rideau, on voit, dans la galerie du fond. deux officiers qui se promènent l'épée à la main. Ils s'arrêtent et présentent les armes. Plusieurs dames paraissent à gauche, parmi lesquelles est la comtesse. Elles précèdent quelques officiers des gardes, que commande Léon. Après eux marche le comte, tenant le missel de la reine; puis, Marie, qui est suivie de Charlotte et de plusieurs jeunes officiers-pages. L'orchestre accompagne toute cette entrée.)

MARIE.

Notre nouveau prédicateur, Fra-Stéfano, nous a fait ce matin un sermon des plus édifians... jamais on n'avait parlé avec plus d'onction de tous nos devoirs... car il y en avait pour tout le monde... (Jetant un coup d'œil sur Léon.) même pour les maris... (Se tournant en souriant vers le comte, qui est absorbé.) Et je ne sais si c'est la parole du révérend dominicain qui a assombri de la sorte le visage de monsieur le comte de Bellaflor...

LE COMTE, sortant de sa rêverie.

Qui ?... moi ?... plaît-il ?... Votre majesté demande son missel ?... (A part.) Enlevée !

* Léon, Charlotte au deuxième plan, Marie, le comte,

LE CAPITAINE CHARLOTTE.

MARIE.

Ah ! ah ! ah ! (Elle continue, bas, au comte.) C'est bien, d'être discret... je vous en remercie... mais jaloux !... ah ! c'est mal !... Souriez donc un peu à cette belle comtesse...

LE COMTE, résistant.

Permettez... votre majesté...

MARIE.

Je le veux !

LE COMTE.

Ah !... (Il regarde la comtesse en souriant.) Eh ! eh ! eh !   (Puis, il reprend son sérieux.)

CHARLOTTE, à part.

Ce pauvre gros !... il a l'histoire de l'enlèvement sur l'estomac.

MARIE, la voyant.

Ah ! c'est vous, monsieur de San Perez...

CHARLOTTE, salue, puis, à part.

Saint Perez !... au lieu de Charlotte Clapier !... Satané pays, va !

MARIE.

Vous aviez aussi votre part dans le sermon...

CHARLOTTE.

Possible, majesté ; je n'ai pas écouté... (Léon tousse.) C'est-à-dire... je n'ai pas bien entendu.

MARIE.

Tant pis !... Vous sauriez qu'il faut être fidèle à sa souveraine, et ne pas déserter son service... comme vous l'avez fait hier... Car vous preniez la fuite... pour ne plus revenir, peut-être...

CHARLOTTE.
C'est que je voudrais bien retourner en Fr...
LÉON, vivement.
Au Brésil, qu'il aime tant !
CHARLOTTE.
Oui... au Brésil... que j'aime tant !
MARIE.
On vous a retenu, et j'en remercie monsieur le comte... On vous surveille... et je tiens à vous garder...
CHARLOTTE, à part.
Elle n'est pas dégoûtée... mais j'en ai assez, moi, de son service !...
MARIE.
D'ailleurs, votre oncle l'amiral revient à Lisbonne... (Mouvement d'effroi de Charlotte, que contient Léon.) Il se plaint beaucoup de votre conduite... de certains désordres... que je dois ignorer... Mais il paraît que vous vous échappez souvent du palais... et cette jeune fille, séduite par vous...
CHARLOTTE.
Une jeune fille ?... (Léon tousse ; à part.) Je lui en fais bien mon compliment !
LE COMTE.
C'est pour cela sans doute qu'on ne peut jamais pénétrer, le soir, chez monsieur Gil...
MARIE, sévèrement.
Monsieur le comte !... (A Charlotte.) Toutefois, j'ai fait des promesses à votre oncle... je les tiendrai... et, d'abord, il vous trouvera capitaine.
TOUS.
Capitaine !... (Léon tousse.)
CHARLOTTE, s'inclinant.
Majesté... (A part.) Bon ! ça me va... en temps de paix, ça ne peut pas faire de mal.
LE COMTE.
Capitaine !... un enfant !... un petit mauvais sujet, qui est capable de...
(La reine s'est éloignée et adresse la parole à la comtesse, en lui montrant Léon.)
PREMIER OFFICIER, à droite, frappant rudement sur l'épaule de Charlotte.
Mes complimens, mon cher !
CHARLOTTE, faisant la grimace.
Merci, mon cher, merci ! (A part.) Il n'y a pas de quoi !
DEUXIÈME OFFICIER, à gauche, lui secouant la main.
Bravo, capitaine !...
CHARLOTTE.
Aïe ! (Retirant la main, à part.) Il me brise les articulations, celui-là !
DEUXIÈME OFFICIER, brusquement.
Vous n'êtes pas content ?
CHARLOTTE.
Si, si, si... enchanté ! (A part.) On est forcé d'être toujours content, avec ce monsieur... un spadassin, qui vous tue ses quatre hommes par mois... et je le suis pour le moment... homme !

LÉON, bas, en riant.
Allons, du courage !
CHARLOTTE, secouant ses doigts et montrant son épaule.
Saperlotte ! il en faut, pour être capitaine, dans ce pays-ci !...
MARIE.
Monsieur le comte...
(Le comte s'approche de la reine, tandis que la comtesse, envoyée par elle près de Léon, lui parle bas.)
LA COMTESSE, bas, à Léon, à gauche.*
La reine vous attendra, dans une heure, au pavillon d'Isabelle... où elle va se rendre, à cheval, suivie d'un seul officier.
LE COMTE, les apercevant.
Pardon... ma femme...
MARIE, le retenant.
Par mon ordre... chut !
(Pendant ce moment, un troisième officier s'est approché de Charlotte et lui a entouré la taille.)
CHARLOTTE, jetant un cri.
Ah !
MARIE, vivement.
Qu'est-ce ? (Léon tousse.)
CHARLOTTE.
Rien, madame, rien... (A part.) Si on me chatouille, d'abord, je me trahis !
MARIE, à la comtesse.
Comtesse... voyez... on m'annonce pour aujourd'hui des nouvelles et des modes de France...
CHARLOTTE.
Des modes de... (Léon tousse.)
MARIE.
Ah ! monsieur le capitaine... vous m'accompagnerez, dans ma promenade... à cheval.
CHARLOTTE.
A cheval !... (Léon tousse ; Charlotte s'incline.)
MARIE, bas, à Léon.**
Vous toussez beaucoup, Léon... vous souffrez ? (Elle gagne la porte de droite.) Mesdames, suivez moi.
LE COMTE, se retournant et voyant Charlotte parler bas à la comtesse.
Hein ?... Monsieur Gil !...
(Il va se placer entre eux ; Charlotte le regarde en riant.)
CHARLOTTE, à part.
Gilles, toi-même !...
MARIE, arrivée à la porte de droite.
Messieurs, je vous salue...
CHOEUR.
AIR de Zampa.
Rendons hommage à notre souveraine,
Et que pour elle éclate notre ardeur !
Belle et puissante, elle est femme, elle est reine :
Le ciel lui doit la gloire et le bonheur.
(Elle sort à droite, suivie des dames. Les gentilshommes se retirent au fond. Léon reste seul avec Charlotte.)

* Léon, la comtesse, Charlotte, le comte, Marie.
** La comtesse, Charlotte, le comte au fond, Marie, Léon.

SCÈNE II.

LÉON, CHARLOTTE.

CHARLOTTE, le regardant et se croisant les bras.
Ah çà !... ça va-t-il durer encore long-temps ?
LÉON.
Chut !.. (Gaîment.) De quoi diable te plains-tu ?.. te voilà capitaine !...
CHARLOTTE.
Le capitaine Charlotte... Oui, c'est gentil, c'est flatteur, je ne dis pas... mais...
LÉON.
Et qui sait ?.. tu deviendras peut-être général... dans quelques années.
CHARLOTTE.
Dans quelques années ?... Oh ! tu en ris bien à ton aise... toi, qui es monté si haut !... un quasi-roi !... Je t'ai sauvé... je ne m'en repens pas, c'est d'une bonne fille... (Mouvement de Léon.) d'un bon garçon... Mais, écoute, marquis, voilà huit jours que ça dure... et j'en ai assez, j'en ai trop !... J'étouffe là-dedans, dans cet habit qui me serre le cou et l'estomac... Il faut que j'en sorte, je veux en sortir, j'en sortirai !...
LÉON, lui imposant silence.
Malheureuse !
CHARLOTTE.
Oui, malheureuse !... et diablement gênée... Dieu de Dieu ! avoir passé sa jeunesse à confectionner des robes pour les autres... et finir par se trouver emprisonnée dans une gaîne comme celle-là !... J'en ai assez ! j'y renonce !
LÉON.
Que veux-tu donc faire ?
CHARLOTTE.
Rentrer chez moi... dans mes vêtemens... Une robe !... je demande une robe, ou la mort !
LÉON.
Mais veux-tu bien te taire !... Tu ne vois donc pas que, si la reine découvre que je l'ai trompée... que j'ai retenu, près d'elle, sous cet habit, une...
CHARLOTTE.
Elle me dira d'en changer.
LÉON, continuant.
Je perds son amour, sa confiance, mon avenir !.. lorsque je voudrais la forcer à avouer son mariage !.. Et toi, jetée dans un cachot...
CHARLOTTE, froidement.
Ah !.. c'est bien convenu ?.. Alors, j'aime mieux m'en aller.
LÉON.
Impossible... Tu l'as entendu... on te surveille... La reine tient à te garder près d'elle... et la capricieuse petite princesse te ferait poursuivre et arrêter.

* Charlotte, Léon.

CHARLOTTE, se fâchant.
Pour lors, me voilà donc condamnée à perpétuité...
LÉON.
Eh ! nous verrons... plus tard... Mais en ce moment, non... Que diable ! Ne vaut-il pas mieux cent fois être un homme, libre, indépendant, qu'une faible femme, toujours exposée, toujours tremblante ?... Voyons... que te manque-t-il ?... Tu es en faveur près de la reine...
CHARLOTTE.
Et tu n'es pas jaloux ?... Confiance qui m'honore, et dont je n'abuserai pas... parole d'honneur !
LÉON.
Tu es entourée d'amis, de jeunes compagnons...
CHARLOTTE.
Ah ! oui, parlons-en... Des scélérats d'officiers, avec qui je dîne tous les jours, et qui ne se gênent pas pour débiter devant moi des choses !... C'est amusant, je ne dis pas... Et ils me demandent mon avis là-dessus, encore !.. Sans compter qu'ils me prennent par le cou, par la taille... comme ce petit, qui m'a fait crier tout à l'heure... D'abord, je suis très chatouilleuse... Et des confidences, à me donner la fièvre... Mais ce n'est pas tout... avant-hier, dans cette grange, où toute la suite de la reine a couché... j'avais près de moi un petit coquin... qui a dormi toute la nuit.
LÉON.
Eh bien ? De quoi te plains-tu ?
CHARLOTTE.
Je ne me plains pas... mais ça inquiète.
LÉON.
Pourvu que, lorsqu'ils te forcent à boire avec eux...
CHARLOTTE.

AIR : Restez, restez, troupe jolie.

Encore une peur qui me gagne...
N'ont-ils pas voulu me griser !
Me griser avec du Champagne !..
LÉON.
O ciel ! Il fallait refuser !
CHARLOTTE.
Plaît-il ?...
LÉON.
Tu devais refuser !
CHARLOTTE.
Qui, moi, Française ! moi, Charlotte !...
Pouvais-je, malgré le danger,
Repousser un compatriote
Que je rencontre à l'étranger ?
On accueille un compatriote
Que l'on retrouve à l'étranger.

Je me suis laissé faire... Ah ! si ç'avait été du vin portugais... *

* Léon, Charlotte.

LÉON.
Bah!... tu te serais laissé faire aussi...
CHARLOTTE, se révoltant.
Moi!.. (Avec calme.) C'est possible.
LÉON.
Tu vois bien... On s'habitue à tout...
CHARLOTTE.
Je ne vois pas... Par exemple, ce monsieur Juan, que j'appelle Jean, et que tu m'as donné pour domestique... je ne m'y fais pas... C'est vrai, tout vieux qu'il est, il vous a des petits yeux!... Tu aurais dû me trouver un aveugle...
LÉON.
Mais, ta femme de chambre?
CHARLOTTE.
C'est encore pis... Elle vient chez moi, en cachette... je me renferme avec elle... et on dit que j'ai une maîtresse!
LÉON.
Eh! parbleu! je le sais bien... Tu as une réputation de mauvais sujet...
CHARLOTTE.
Que je dois à mon nom... Gilles de Saint-Perez.
LÉON.
Le neveu de l'amiral... l'autre... le vrai... un mauvais garnement, qui refuse de quitter Lisbonne... Je le tiens éloigné du palais, en le gorgeant d'or... et Dieu sait s'il en mange!
CHARLOTTE.
Oui... d'une jolie manière!.. Il fait les cent coups à Lisbonne... Il joue, il se bat, il enlève des Portugaises... et tout me retombe sur le dos... C'est donc honorable, ça?
LÉON.
Bah! à ton âge.
CHARLOTTE.
A mon âge, à mon âge... Il s'amuse au moins, lui, là-bas, Gilles... il a le beau côté de la situation, Gilles... je lui céderais bien ma place... à Gilles... Et, à propos de ça, tu aurais bien pu me choisir un autre nom... Gilles!...
LÉON.
C'est le nom d'un saint du pays...
CHARLOTTE.
Tiens! en France, c'est un Pierrot.
LÉON.
D'ailleurs, c'est celui du neveu de l'amiral... de l'amiral, qui nous arrive... C'est sérieux... Il faudra bien que je le gagne... mais un marin... c'est brutal...
CHARLOTTE.
Ah! oui... et, s'il faut me jeter dans ses bras, je vois d'ici la réception... Je tremble!...
LÉON.
Et moi donc!... Je crains tout... jusqu'à mon ami Tancrède... que je tiens éloigné du palais depuis son aventure...

CHARLOTTE.
Qui ça, Monaco?
LÉON.
Le plus dangereux de tous... le seul qui puisse te reconnaître...
CHARLOTTE.
Oui, mais, avec tout ça, il était déjà tombé amoureux de moi... Vlan!.. Et c'est peut-être un mari que tu me fais perdre.
LÉON.
Un mari?
CHARLOTTE.
Pourquoi pas?.. Il est noble, il est riche, il est bête...
LÉON.
Ça te va?
CHARLOTTE.
Ça me va trois fois.
LÉON.
Et pourquoi alors lui as-tu fait enlever la comtesse?
CHARLOTTE, indignée.
Pourquoi, monstre?.. (Changeant de ton.) Dis donc, marquis, que diable s'est-il passé?
LÉON, riant.
Dieu le sait!
CHARLOTTE, de même.
Et le comte n'en sait rien!
UN OFFICIER, paraissant au fond.
La reine part à l'instant, capitaine.
CHARLOTTE, regardant autour d'elle.
Capitaine?.. Ah! oui... c'est moi.
LÉON.
A cheval!
CHARLOTTE.
A cheval!... Encore un agrément!... Mais je galope assez bien... Je suis élève de M. de Lauzun, pour le cheval... (Sortant.) Par exemple... il faut changer la manière de s'en servir.
LÉON.
Eh! vite!
CHARLOTTE.
Voilà... (Revenant à Léon.) Jusqu'à ce soir, passe encore... mais pas un jour de plus... Adieu, marquis... (Au moment de sortir au fond, elle se trouve face à face avec Tancrède, qui pousse un cri.)
TANCRÈDE.
Ah!
CHARLOTTE.
Ah!
LÉON.
Ciel!
(Charlotte s'enfuit.)

SCÈNE III.

LÉON, TANCRÈDE. *

(Tancrède, stupéfait et immobile, se tourne lentement vers Léon, qu'il regarde la bouche béante.)

LÉON, allant à lui et brusquement.

Vous ici !.. vous !.. qui vous amène ? que voulez-vous ?..

TANCRÈDE, criant.

Mais c'est elle !

LÉON.

Qui, elle ?

TANCRÈDE.

Lui !

LÉON.

Qui, lui ?

TANCRÈDE.

Ce monsieur !.. cette dame !..

LÉON.

Ah ! ah ! ah !.. Une dame ?.. M. Gil de San Pérez, officier de la reine ?... Ah ! ah ! ah !

TANCRÈDE, riant aussi.

Ah ! ah ! ah ! ah !.. Je me suis trompé... Gil de San Pérez !.. Je soupe ce soir avec lui.

LÉON, à part.

Ciel !.. avec l'autre !

TANCRÈDE.

Mais ma charmante inconnue... vous savez ?.. Je la vois partout... à pied, à cheval, en robe, en uniforme... Je finirai par la voir dans ma glace, et par me prendre pour elle.

LÉON.

Eh bien ! c'est ce que vous avez de mieux à faire... Car, mon pauvre Tancrède, votre charmante inconnue est loin d'ici...

TANCRÈDE.

Sangodemi ! que me dites-vous là ?

LÉON.

Partie pour... pour l'Italie... pour Monaco...

TANCRÈDE.

Monaco !.. *Perché ?*

LÉON.

Mais dam ! peut-être par amour pour les naturels du pays...

TANCRÈDE.

Vous croyez ?.. J'en suis un... naturel de Monaco... et j'y retourne.

LÉON, vivement.

Et vous ferez bien... (Tancrède le regarde.) Au fait... si vous êtes amoureux...

TANCRÈDE.

Je suis fol, mio caro... fol à lier... c'est le mot... Voilà l'effet d'une sympathie contrariée.

LÉON, riant.

Mais je croyais que la dame enlevée...

* Léon, Tancrède.

TANCRÈDE.

Hein !.. Ah ! elle est bien aimable.

LÉON.

De la discrétion, avec moi ! (Riant.) Ce pauvre comte de Bellaflor !.. le mari !..

TANCRÈDE.

Ah ! elle a un... (Lui serrant la main.) Faites-lui mes excuses... Elle est bien aimable... (Plus vivement.) Mais l'autre, celle qui m'échappe... que je vois partout... C'est étonnant comme ce jeune officier...

LÉON.

Rejoignez-la... à Monaco... Partez...

TANCRÈDE.

Aujourd'hui même... (Il se retourne pour sortir.)

SCÈNE IV.

LES MÊMES, LA COMTESSE, puis LE COMTE *.

LA COMTESSE, sans voir Tancrède.

Bien, mesdames... là, sur cette table...

LÉON, allant à elle.

Qu'est-ce donc ?

LA COMTESSE.

Des cartons de modes, qui arrivent à l'instant de Paris... pour la reine... Mais vous ne savez pas... le jeune San Pérez... (Tancrède s'est approché d'elle pour la voir. Elle se retourne.) Ciel !

TANCRÈDE.

Ah ! (A part.) L'autre !

LA COMTESSE, à part.

Cet homme ! (Ils se saluent, sans paraître se reconnaître.)

LÉON, le présentant.

Le baron Tancrède de Bambinelli.

TANCRÈDE, allant à elle.

Sénora...

LA COMTESSE, le saluant.

Je n'ai pas l'honneur de connaître monsieur.

TANCRÈDE, de même.

Ni moi.

LÉON, riant, à part.

C'est juste.

LE COMTE, accourant, tout effaré.

C'est bien ! c'est bien !... Ah ! madame !... **

LÉON, le montrant à Tancrède.

M. le comte de Bellaflor.

LE COMTE.

Hein ! plaît-il ?... Ah ! marquis !

TANCRÈDE.

Ah ! bah !

LE COMTE, à Tancrède.

Ah ! monsieur !...

LA COMTESSE.

Mon Dieu ! quel air effaré !... Qu'avez-vous ?

* Tancrède, Léon, la comtesse.
** Tancrède, le comte, Léon, la comtesse.

LE COMTE.
Ce que j'ai?... Vous ne savez donc pas ?...
TANCRÈDE, lui prenant la main.
Monsieur le comte, enchanté... Je vous fais bien mes excuses.
LE COMTE.
De quoi ?
TANCRÈDE.
De quoi?... c'est juste.
LÉON, vivement.
Mais, enfin, monsieur le comte, qu'y a-t-il ?
LE COMTE.
Il y a que nous venons d'avoir une alerte... La reine... (Regardant Tancrède.) Des excuses... de quoi ?
LA COMTESSE.
Achevez.
LÉON.
La reine...
LE COMTE.
Vient de courir un grand danger.
LÉON, faisant un mouvement pour sortir.
O ciel !... Marie !...
LA COMTESSE, le retenant, et bas.
Prenez garde... cette émotion... vous allez vous trahir !
LE COMTE, à Tancrède.
Vous m'avez fait des excuses... de quoi ?
LÉON, revenant vivement à lui.
Non, je veux savoir quel danger...
LA COMTESSE.
La reine...

oooooooooooooooooooooooooooooooooooooooo

SCÈNE V.

LES MÊMES, CHARLOTTE, puis MARIE. *

CHARLOTTE.
Elle est sauvée !... Rassurez-vous.
LÉON.
Sauvée !
TANCRÈDE, la voyant.
Ah! che veggio !
CHARLOTTE, le regardant.
Plaît-il !... Ah!
LA COMTESSE, vivement.
Sortez, monsieur ! sortez !... La reine vient !
CHARLOTTE, troublée.
Elle me suit.
TANCRÈDE.
Permettez !.. monsieur... mademiselle... c'est... c'est...
CHARLOTTE.
Connais pas !...
LÉON, vivement, à Tancrède.
Dans l'appartement de Sa Majesté !... Sortez !..

* Le comte, Tancrède, Charlotte, Léon, la comtesse.

TANCRÈDE.
Oui, oui... Ma... Pardon...
(On annonce au dehors la reine.)
LA COMTESSE, faisant sortir Tancrède à gauche.
Sortez donc !
LE COMTE.
Cet homme est fou !
(Léon court à Marie qui paraît.)

oooooooooooooooooooooooooooooooooooooooo

SCÈNE VI.

MARIE, LÉON, LE COMTE, LA COMTESSE, COURTISANS, PAGES.

MARIE, entrant, à ceux qui l'entourent.
Rien, messieurs... Plus de peur que de mal.
LÉON.
Ah! madame !.. Votre Majesté...
MARIE.
Rassurez-vous, cher marquis... Mais j'avoue... (Riant.) que Ma Majesté a eu bien peur.
(Le comte approche vivement un fauteuil.) *
LÉON, très ému.
Mais quoi donc, mon Dieu ?..
MARIE, s'asseyant.
Rien, vous dis-je... (Bas, lui tendant la main.) Remettez-vous.
LA COMTESSE.
Qu'est-il arrivé ?
MARIE.
Interrogez mon jeune sauveur, qui vient de gagner bravement ses épaulettes de capitaine.
CHARLOTTE, à part.
Oui, elles sont bien gagnées, mes épaulettes !
LE COMTE.
Lui !... (A part.) Le petit drôle !
LA COMTESSE, à part.
Elle !
LÉON, à part.
Charlotte !
MARIE.
Parlez, monsieur; soyez fier de votre dévouement.
CHARLOTTE.
Dites, plutôt, madame, confus de mon audace... Mais, quand j'ai vu s'abattre ce cheval !..
LÉON.
C'est donc là...
LE COMTE.
Eh oui, le cheval le plus sûr des écuries royales... je l'avais choisi moi-même.
CHARLOTTE.
Vous avez la main heureuse ! **
LA COMTESSE.
Il s'est abattu ?

* Léon, Marie, la comtesse, le comte, Charlotte.
** Léon, Marie, Charlotte, la comtesse, le comte.

CHARLOTTE, avec entraînement.

Oh! quand j'ai vu Votre Majesté évanouie!...

LÉON.

Ciel!

CHARLOTTE, continuant.

Je n'ai pas été maître de moi... Je savais que saisir dans mes bras... ma souveraine!.. c'était offenser la majesté royale... mais c'était aussi arracher au péril votre auguste personne... et je n'ai pas hésité... je me suis élancé, j'ai enlevé dans mes bras, transporté dans le pavillon du parc, le précieux trésor, dont j'étais le seul gardien...

LÉON.

Dans ses bras?

CHARLOTTE, toussant.

Hum!

LE COMTE, étonné.

Vous?

LA COMTESSE, à part.

Elle?

CHARLOTTE.

Alors, seulement, j'ai songé à la hardiesse d'une pareille action... et, en rouvrant les yeux, Votre Majesté m'a trouvé près d'elle, tremblant encore et implorant ma grâce à genoux... (A part.) Ouf!

LE COMTE, à part, stupéfait.

Quoi! lui?... ce petit homme?

LA COMTESSE, de même.

Elle?... cette demoiselle?

LÉON, s'oubliant.

Allons donc! ce n'est pas possible!

CHARLOTTE, toussant.

Hum!... Si fait, morbleu! (Confuse.) Oh!

MARIE, piquée et se levant.

Comment, ce n'est pas possible!... Voilà un doute peu flatteur pour moi, monsieur le marquis...

LÉON.

Madame... (A part.) De l'humeur!

MARIE.

Laissez-moi être heureuse et fière, en pensant que le dévouement à ma personne a pu doubler les forces et le courage d'un aimable enfant.

(Elle regarde Charlotte avec complaisance.)

CHARLOTTE, à part.

Merci, petite!

LE COMTE, bas à la comtesse.

Allons, bon! le voilà lancé!... La reine va l'adorer, à présent! (Regardant Léon.) Pauvre marquis! (Il étouffe une envie de rire.)

LA COMTESSE.

Comment? (Comprenant.) Ah!

(Elle rit à part.)

MARIE.

En ce moment, un carrosse de la cour est venu à passer et m'a ramenée au palais.

LÉON, s'approchant de nouveau.

Et Votre Majesté n'éprouve plus...

MARIE, toujours occupée de Charlotte.

Je n'éprouve que le plaisir de la reconnaissance... Monsieur le marquis, écrivez... là... un bon de trois mille piastres pour mon libérateur.

LÉON.

Trois mille...

MARIE, avec humeur.

Je le veux!

LE COMTE, bas à la comtesse.

Il est jaloux. (Rires à part.)

CHARLOTTE, passant près de Léon, tout en parlant.

Ah! madame... Votre Majesté... ce n'est pas un vil intérêt qui m'a... Ah! Dieu! (Bas au marquis.) Trois mille piastres... combien ça fait-il?

LÉON, bas.

Seize mille livres.

CHARLOTTE.

Bon!... Mais pourquoi diable ne disait-elle pas tout de suite...

MARIE.

Voyez donc, monsieur le comte, faites distribuer des gratifications à ces braves gens qui ont suivi mon carrosse.

LE COMTE.

Je leur donnerai ma bourse, madame... Trop heureux... (Bas, montrant Charlotte.) Petit intrigant!... (Il sort.)

ooooooooooooooooooooooooooooooooooooooooooooo

SCÈNE VII.

MARIE, LÉON, CHARLOTTE, LA COMTESSE.

MARIE, apercevant les cartons sur la table à droite.

Mon Dieu! comtesse, les jolies choses!

LA COMTESSE.

Cet envoi que vous attendiez de France, madame. (La reine s'approche de la table.)

CHARLOTTE, vivement.

Ah!

(Léon tousse; Marie la regarde, elle s'arrête, et, pendant que la reine examine les modes avec la comtesse, Charlotte et Léon parlent bas.)

LÉON, bas,

Ah ça, mais, c'est une plaisanterie, n'est-ce pas?... Est-ce que réellement tu aurais...

CHARLOTTE, riant.

Enlevé la reine dans mes bras?.. Excusez du peu!.. Quand cet imbécile de cheval s'est abattu, j'ai eu encore plus peur qu'elle... Je tremblais comme la feuille... et j'aurais très bien laissé sur le gazon sa majesté portugaise... quand un gros jardinier, un énorme jardinier, l'a ramassée et l'a portée dans le pavillon... moi, je suivais par derrière... et je ne portais rien... comme le quatrième officier de M. *Malbrough*.

* Léon, Charlotte. Marie, la comtesse.

LÉON.
Ah! ah! ah!... Je comprends!
CHARLOTTE.
Et quand il l'a eu déposée, évanouie, sur un fauteuil : « Malheureux ! lui ai-je crié...

AIR : Vaudeville du Baiser au Porteur.

« Malheureux ! c'est ta souveraine !
Tremble ! voici ton dernier jour !
Quiconque ose toucher la reine,
Doit être pendu haut et court !
Voilà comment ça se passe à la cour. »
(A Léon.)
Saisi d'effroi, loin de nous il s'élance,
Je reste seule... et par cet heureux tour,
J'ai pris sa place et j'ai la récompense...
Voilà comment ça se passe à la cour.

MARIE, examinant toujours les objets de modes.
Tout cela est charmant !
(Elle se retourne vers eux.)

LÉON, bas à Charlotte.
Chut !

MARIE.
Eh bien, marquis, ce bon, vous ne l'écrivez pas ?... (Montrant Charlotte.) Lui en voulez-vous de m'avoir sauvée ? (Mouvement de Léon et de Charlotte.) Ecrivez, et, pour votre récompense, je vous montrerai toutes ces jolies choses que je reçois de Paris.
(Léon s'assied à gauche et écrit. Marie et la comtesse sont à la table de droite, sur laquelle sont les modes.)

CHARLOTTE, regardant de loin.
Tiens, tiens, tiens ! une toque à la Soubise !... ça doit sortir de chez quelque rivale à moi.

MARIE.
Voilà qui est d'un goût exquis... Cette plume surtout...

CHARLOTTE, s'approchant.
Peuh ! peuh !

MARIE.
Eh mais, le capitaine ne paraît pas être de notre avis...

CHARLOTTE.
Pardon, Majesté... la forme n'est pas mauvaise... certainement, c'est d'une main qui entend la toque assez bien... (A part.) De ce gueux de Léonard. (Haut.) Mais ce mélange de couleurs... c'est mesquin.

LA COMTESSE.
C'est vrai.

MARIE.
Il a raison.

CHARLOTTE, prenant la toque.
Parbleu !... Et puis, cette plume qui se dresse comme un clocher de village... au lieu de pencher gracieusement...

LÉON, à part.
Qu'est-ce qu'elle dit là ?... (Toussant.) Hum ! hum ! (Charlotte ne l'entend pas.)

MARIE.
Ce serait beaucoup mieux...

LA COMTESSE.
Beaucoup mieux...

CHARLOTTE, continuant.
Parbleu !... (Rejetant la toque et s'approchant de la table.) C'est comme ce corsage de robe...* c'est très mauvais...

MARIE.
Vous trouvez ?...

CHARLOTTE.
Après ça, en Portugal... dans un pays où les corsages sont si arriérés...
(Léon tousse, sans qu'elle y fasse attention.)

MARIE.
Nos corsages ?...

LA COMTESSE.
Ils sont très bien.

CHARLOTTE.
Mais non, c'est très mal... (Montrant la robe de la comtesse.) Ça, par exemple... c'est trop montant de côté... pas assez évasé du devant... (Léon tousse.) Vous comprenez ?...

MARIE, très attentionnée.
Oui... oui...

CHARLOTTE, continuant.
Ce qui fait que la taille est engoncée... et que nous perdons une foule de détails... (Léon tousse.) dont une femme ne doit pas faire tort à la société. (Léon tousse plus fort et se lève.) C'est comme...

MARIE, partant d'un éclat de rire.
Ah ! ah ! ah !

LA COMTESSE, riant aussi.
Ah ! ah ! ah !

CHARLOTTE, croyant qu'on rit des modes.
Ah ! ah ! (A Léon.) Vois donc...

LÉON, qui s'est approché d'elle, bas.
Maladroite !

CHARLOTTE.
Hein ?... Ah ! (Elle éclate de rire.) Ah ! ah ! ah !

LÉON, riant.
Un officier !... un capitaine !... Ah ! ah ! ah !

MARIE, riant plus fort.
Oui, oui, c'est ce que je pensais...

LA COMTESSE, s'efforçant de rire.
Monsieur a fait des études sur les toques et les corsages ?...

CHARLOTTE.
Oui, en Fr...

LÉON, vivement.
Au Brésil !...

CHARLOTTE, riant.
C'est ça... au Brésil... (A part.) Que le diable les emporte tous ! (Haut.) Les jeunes officiers s'y occupent beaucoup de corsages... Ah ! ah ! ah !

* Léon, Marie, Charlotte, la comtesse.
** Marie, Léon, Charlotte, la comtesse.

MARIE, sévèrement.
Monsieur le capitaine!
(Elle regarde la comtesse, qui cesse aussi de rire.)
LÉON, bas à Charlotte.
Perds-tu la tête?.
CHARLOTTE, bas.
Ah! ma foi, couturière, capitaine... tout ça se mêle, tout ça se croise!...
MARIE, se retournant et prenant le papier des mains du marquis.
Heureusement, M. de San Perez, s'il y a des momens où vous parlez comme une femme, il y en a d'autres où vous agissez comme un homme...
(Lui remettant le papier.) Et c'est ce que je n'oublierai jamais...
CHARLOTTE.
Madame... (A part.) Nous l'échappons belle!
LA COMTESSE, s'approchant de Charlotte, pendant que la reine gagne la porte de son appartement.
Imprudente!... (A Léon.) Et le véritable San Perez, qui veut pénétrer jusqu'à la reine!*
LÉON, vivement.
Il faut le faire enlever!
CHARLOTTE.
Mais, moi?
(La reine, arrivée à la porte, se retourne. Ils se serrent la main tous les trois et se taisent.)
MARIE.
Comtesse... monsieur le marquis... suivez-moi...
(A Charlotte avec abandon.) Je ne l'oublierai jamais...
(La reine et la comtesse sortent. Au moment de les suivre, Léon se retourne et fait à Charlotte un geste de mécontentement, auquel elle répond par un mouvement d'humeur.)

○○○○○○○○○○○○○○○○○○○○○○○○○○○○○○○○○○○○○○○

SCÈNE VIII.

CHARLOTTE, puis TANCRÈDE.

CHARLOTTE, seule.
C'est-à-dire que me voilà plus homme encore!.. A chaque pas que je fais, j'enfonce, j'enfonce!... C'est que Sa Majesté portugaise m'a jeté un regard!... (Riant.) Ah! ah! ah! ce serait drôle!... Pas pour elle!... (Tancrède paraît au fond.) Ah! ma foi, je touche mes 3,000 piastres... (Tancrède descend doucement.) Ça m'aidera peut-être à m'échapper... Eh! vite!... (Elle se retourne et se trouve face à face avec Tancrède.) Monaco!**
TANCRÈDE, avec explosion.
C'est lui!... c'est elle!... c'est vous!...
CHARLOTTE, voulant s'échapper.
Pas mal, merci... au plaisir de vous revoir...

*Léon, la comtesse, Charlotte, Marie.
** Charlotte, Tancrède.

LE CAPITAINE CHARLOTTE.

TANCRÈDE, l'arrêtant par le bras.
Oh! cette fois, vous ne sortirez pas!...
CHARLOTTE, à part.
Me voilà prise! (Haut.) Morbleu, monsieur!...
(Elle le repousse violemment.)
TANCRÈDE, furieux et chancelant.
Morbleu! monsieur, c'en est trop!... (A part, se frottant l'épaule.) C'est un homme!... (Haut.) C'en est beaucoup trop!... La première fois, passe encore... le bal de l'Opéra a ses licences... Mais deux fois!... mais deux!... mais la même mystification qui me poursuit de Paris à Lisbonne!... C'en est trop, monsieur... c'en est infiniment trop!...
CHARLOTTE, tout étourdie.
Qu'est-ce qu'il dit?... qu'est-ce qu'il dit?...
TANCRÈDE.
La première fois, je ne me suis vengé qu'à demi... J'ai reçu un grand coup d'épée, qui m'a fait très mal... Ce n'est pas assez!... je ne me contenterai plus de ça!... et vous allez payer pour l'autre!.....
CHARLOTTE.
Quel autre?... Quoi?... Qu'est-ce que ça signifie?...
TANCRÈDE.
Vous le savez fort bien... monsieur!... vous, qui n'avez pas rougi de vous affubler d'une robe, pour tourner la tête d'un gentilhomme de Monaco, rempli de douceur et de...
CHARLOTTE.
Bon! bien!
TANCRÈDE.
Vous, qui avez déshonoré vos épaulettes, signora!... (S'attendrissant.) Quand je vous aimais tant, capitaine!.. quand j'allais courir après vous, pour vous offrir mon cœur, mon nom et mes terres de Monaco!...
CHARLOTTE, s'oubliant.
Il se pourrait! (A part.) Un mari!
TANCRÈDE.
Oui, madémi... (Se reprenant tout-à-coup et se remettant en colère.) Oui, monsieur!... et puisque vous en êtes un... monsieur!... je vous forcerai bien à me rendre raison de l'insulte que je vous fais!... Ah!
CHARLOTTE.
Ah!... Quelle insulte?...
(Le comte paraît au fond.)
TANCRÈDE, ôtant son gant.
C'est juste!... voilà l'insulte!...
(Il lui jette son gant au visage.)

SCÈNE IX.

Les Mêmes, LE COMTE.*

LE COMTE, s'avançant vivement.
Grand Dieu !
CHARLOTTE, ramassant le gant.
Qu'est-ce que c'est que ça ?
TANCRÈDE.
Comment ?...
LE COMTE.
Un capitaine qui demande ce que c'est que ça !.. un soufflet !...
CHARLOTTE.
Un ?.. Au fait, vous devez vous y connaître mieux que moi...
LE COMTE.
Plaît-il ?
CHARLOTTE.
Un soufflet ?... c'est un soufflet ?...
TANCRÈDE.
Je crois que oui.
LE COMTE.
Je l'ai vu... Cela ne peut se passer ainsi... Un officier de la reine !...
CHARLOTTE.
Non, morbleu !... cela ne peut se passer...** (Au comte.) Faites-le arrêter.
TANCRÈDE.
Moi !
LE COMTE.
Vous dites ?
CHARLOTTE.
Mais, puisqu'il m'a insulté !...
LE COMTE.
Ah ! pour un gentilhomme portugais... pour le neveu d'un amiral... le moyen est nouveau !
TANCRÈDE.
Ah ! c'est trop fort !
CHARLOTTE.
Que voulez-vous donc que je fasse ?
LE COMTE.
Vous battre... pardieu !
TANCRÈDE.
Vous battre... pardieu !
CHARLOTTE.
Me... (A part.) Merci, gros !... si tu n'as que ce conseil-là à me donner...
LE COMTE, à demi-voix, en lui serrant la main.
Et dépêchez-vous... pendant que vous êtes encore libre... Vous ne le serez peut-être pas longtemps.

* Charlotte, le comte, Tancrède.
** Le comte, Charlotte.

CHARLOTTE.
Ah bah !... qu'est-ce qu'il y a encore ?
TANCRÈDE, à demi-voix, de l'autre côté.
Dans un instant... des armes... un témoin... je suis à vous.
CHARLOTTE.
Des armes !... Ah ! mais... ah ! mais...
TANCRÈDE, à part.
Si c'est un homme, il n'est pas fort... Si c'est une femme... (Riant.) Ah ! ah ! ah ! (Il remonte.)
LE COMTE, à Tancrède.
Vous m'avez fait des excuses... de quoi ?
(Tancrède s'arrête, lui serre la main et sort sans rien dire.)
CHARLOTTE, à part.
Tu auras la peine de les remporter, tes armes... et ton témoin... Monaco !... (Au comte.) A vous ! Vous disiez ?
LE COMTE.
Que vos débordemens touchent à leur terme, comme votre faveur... monsieur Gil de San Perez... et ce rapport, que le ministre envoie à la reine !...
CHARLOTTE.
Contre moi ?
LE COMTE.
Eh ! mais... à moins que vous ne soyez deux...
CHARLOTTE.
Un rapport ?... voyons...
(Il va pour le prendre.)
LE COMTE, le retirant.
Je passe chez Sa Majesté... Outrager votre souveraine !... Quelle lettre vous avez écrite !... Ah ! Gil !
CHARLOTTE.
Bon !... (A part.) C'est une charade...
LE COMTE.
Et le marquis, votre bienfaiteur !... vous vouliez... Ah ! Gil !
CHARLOTTE.
Bien !... allez toujours...
(Léon entre, tout hors de lui, se contenant à peine.)
LÉON.
Soit ! il se battra !...
(Il s'arrête à la vue du comte.)
CHARLOTTE, à part, pendant qu'il sort.
Qu'a-t-il fait encore, ce satané Gil ?... Il ne peut donc pas rester tranquille un instant ?
LE COMTE, bas, à Léon, montrant Charlotte.
Défiez-vous de ce jeune téméraire ! (A Charlotte en sortant.) Ah ! Gil !...
(Le comte est entré chez la reine. Léon descend vivement.)

SCÈNE X.

CHARLOTTE, LÉON, puis UN OFFICIER.

CHARLOTTE, apercevant Léon.
Eh! arrive donc, marquis... viens à mon secours!

LÉON.
C'est fait de nous!... Marie est piquée contre moi... on m'a trahi près d'elle!

CHARLOTTE.
Et tu ne sais pas... Ton ami Tancrède...

LÉON.
Je viens de le rencontrer; il m'a tout dit.

CHARLOTTE.
Un duel, mon cher!.. un duel sur les bras de Charlotte Clapier!

LÉON.
Que Diable aussi te fais-tu une affaire avec lui?

CHARLOTTE.
Mais, non... C'est bien lui qui m'a insultée... d'une manière... qui est en dehors de mes habitudes...

LÉON.
Et le comte était là!... Il a tout vu!... Et toute la cour le sait déjà sans doute!.. Tu te battras...

CHARLOTTE.
Hein? Comment as-tu dit ça, cher ami?... Pour me faire tuer?.. Compte là-dessus!

LÉON.
Eh! qu'importe? (Mouvement de Charlotte.) Ah! pardon! pardon!... Si je pouvais prendre ta place!..

CHARLOTTE.
Ça m'arrangerait...

LÉON.
Il t'a jeté son gant.

CHARLOTTE.
Oh! une idée lumineuse!.. Si je lui faisais des excuses?... Entre hommes, ça se voit...

LÉON.
Y penses-tu?..

CHARLOTTE.
Non?... ça ne vaut rien?... Seconde idée!... Tiens, accorde-moi un quart d'heure de femme... rien qu'un quart d'heure... ça me suffira pour calmer Monaco, le retenir, lui faire des promesses...

LÉON.
Pas une minute!.. Si je savais qu'une personne de plus apprît mon secret... malheur à elle!.. (Lui serrant le bras.) Malheur à toi!

CHARLOTTE, avec désespoir.
Mais alors comment sortir de là?.. D'abord, je ne peux pas voir une arme blanche... sans être tentée de me trouver mal...

LÉON.
Ah! mon Dieu! Ce serait le coup de grâce!

CHARLOTTE.
Voyons, cherche, dépêche-toi... (Entendant venir.) Le voici!

LÉON, effrayé.
Tancrède?

CHARLOTTE, se rassurant.
Non... non, ce n'est pas lui...

L'OFFICIER, mystérieusement.
Mon colonel... une lettre qu'on m'a prié de vous remettre en secret.

LÉON.
A moi?...

L'OFFICIER, plus bas.
Une dame.

LÉON.
Donne.

CHARLOTTE.
Allons! Encore une cheminée qui nous tombe sur la tête!

LÉON.
De la comtesse!.. Ciel!.. (Charlotte s'approche de lui.) L'amiral vient d'arriver à Lisbonne!

CHARLOTTE.
Mon oncle!.. C'est le bouquet!

LÉON.
Oh! je le verrai... J'inventerai une fable, un roman... que sais-je!.. Mais d'abord, ce duel... (S'écriant.) Ah!

CHARLOTTE, bas et vivement.
Tu as trouvé quelque chose?

LÉON.
Oui... (Appelant.) Capitaine!.. (Charlotte fait un mouvement.) Non, pas toi... l'autre. (L'officier, qui allait sortir, s'arrête au fond.)

L'OFFICIER.
Mon colonel?..

LÉON.
Écoutez... (A Charlotte, bas.) C'est ce duelliste redouté, ce spadassin..

CHARLOTTE.
Qui n'a jamais manqué son homme?..

LÉON.
Juste... Il a toujours besoin d'argent... Il m'est dévoué... Attends... (Haut.) Capitaine... vous allez vous battre avec monsieur.

CHARLOTTE, effrayée.
Avec moi!..

L'OFFICIER.
Avec le petit?.. Comme il plaira à M. le marquis.

CHARLOTTE, bas.
Ah! ça, mais dis donc!.. j'aime encore mieux Monaco!

LÉON.
Silence!.. Un éclat trompe la reine, la cour, effraie ton adversaire...

TANCRÈDE, en dehors.
Attendez-moi là.

LÉON.
Ciel! Tancrède!... Tirez vite vos épées!
CHARLOTTE.
Plus souvent!
L'OFFICIER, hésitant.
Ici, colonel?..
LÉON.
Oui, je prends tout sur moi... Parez en reculant... et s'il vous blesse, mille piastres pour vous...
L'OFFICIER.
Mille piastres?.. Il me blessera.
CHARLOTTE.
Ah! bah!.. Compris!.. (Avec assurance.) Oh! alors, en garde, en garde, monsieur!.. Votre vie ou la mienne!.. (Ils tirent leurs épées, et en ce moment Tancrède paraît.)

SCÈNE XI.

LES MÊMES, TANCRÈDE, puis LE COMTE.

LÉON, au fond.
Messieurs!..
CHARLOTTE, ferraillant.
Laissez-moi!.. laissez-nous!..
L'OFFICIER, bas.
Bien! bien!.. Poussez!
TANCRÈDE, au fond.
Oh! qual spectacolo!
LÉON, courant à Tancrède.
Ah! Tancrède, mon ami! venez donc m'aider à séparer ces deux enragés, qui se poursuivent jusque dans le palais!..
TANCRÈDE.
Quoi?.. comment?.. le petit?.. Ah! bah! bah! bah!
CHARLOTTE, reculant, bas.
Aïe!.. C'est trop fort!
L'OFFICIER, de même.
Poussez donc!
LÉON.
C'est un lion déchaîné!.. (Bas à Charlotte.) Va donc ferme... Tu mollis... Il n'y a pas de danger...
CHARLOTTE, revenant.
Ah! Il n'y a pas de... Attends, attends!..
TANCRÈDE.
Comme il y va!
LÉON.
Messieurs, messieurs!.. de grâce!..
CHARLOTTE.
Non! non!.. Il me faut le sang de ce grand escogriffe!
LÉON, bas.
Bravo! c'est bien cela!

L'OFFICIER, bas et tournant sur lui-même.
Allez, poussez, n'ayez pas peur...
CHARLOTTE, ferraillant toujours et le poursuivant.
Oui... Je pousse, vertudieu! je pousse!.. Prenez garde, Monaco... ou je vous transperce avec lui! (Tancrède s'éloigne vivement.)
TANCRÈDE, à part, effrayé.
Per mio padrone! Il est de première force!
LÉON, regardant à droite.
Ah!.. Le comte!
CHARLOTTE.
Le comte!.. (Poussant.) Tiens! tiens! tiens!
L'OFFICIER.
Ah! je suis blessé!.. (Il va s'appuyer au fond et disparaît bientôt après.)
TANCRÈDE, à part.
Décidément, c'est un homme! (Le comte paraît.)
CHARLOTTE, triomphante.
Victoire! (A part.) Il n'y a pas de mal. (Haut.) Victoire!.. A nous deux, maintenant, Monaco; à nous deux!.. (Elle se met en garde.)
TANCRÈDE.
Hein?... A nous deux?
LE COMTE, entrant.
Malheureux!.. Dans l'appartement de la reine!
LÉON.
Oui... Dans l'appartement de la reine!
CHARLOTTE.
Ça m'est égal!
TANCRÈDE.
Dans l'appartement de la reine!... Ah! fi!
CHARLOTTE.
J'en veux encore, j'en veux toujours!.. (Elle se promène d'un air victorieux, en essuyant son épée. A part.) Monaco a peur.
LE COMTE, retenant Tancrède.
Vous ne vous battrez pas ici!..
TANCRÈDE.
Non!.. non... Me battre avec ce jeune homme encore ému!.. dont le bras est fatigué!.. Vous avez cru que je serais assez lâche!.. Jamais! jamais! jamais! morbleu! (Il se promène aussi d'un air fier, et se croise avec Charlotte, qui continue à parcourir le théâtre à grands pas.)
CHARLOTTE.
Comment!.. morbleu! (Bas à Léon.) En voilà, deux braves!..
LÉON, bas.
Va toujours!
CHARLOTTE
Vous m'avez insulté... En garde, Monaco, en garde!
TANCRÈDE.
Ne touchez pas!
LE COMTE.
Messieurs!

SCÈNE XII.

LÉON, LE COMTE, CHARLOTTE, TANCRÈDE, LA COMTESSE, MARIE.

LA COMTESSE, entrant vivement avant la reine.
La reine!
LE COMTE et LÉON.
La reine!
TANCRÈDE.
Sa Majesté!
CHARLOTTE.
Ah! diable! (Elle veut remettre son épée, Léon l'en empêche. La reine entre.)
MARIE, émue.
Qu'est-ce donc, messieurs ?.. Quel bruit, jusqu'à nous ?.. *
(Charlotte veut encore remettre son épée, Léon l'en empêche.)
LE COMTE, montrant Charlotte.
C'est ce jeune imprudent, qui a osé tirer l'épée...
LÉON, vivement, montrant Tancrède.
Contre le chevalier Bambinelli.
TANCRÈDE, montrant son épée.
Pas moi!.. Oh! Dieu! dans l'appartement de Sa Majesté!..
MARIE, contenant sa colère.
Messieurs... M. de San Pérez... c'est mal... c'est très mal.. (Charlotte veut parler. Léon tousse.) Monsieur le comte... quelle est la peine, en pareil cas?
LE COMTE.
Pour un officier... fusillé.
CHARLOTTE.
Fusillé!.. (Léon tousse.) Allons donc!.. (A Léon, bas.) Je serai... tout ce que tu voudras... mais fusillée... non! (Léon tousse plus fort.)
MARIE.
Monsieur de San Perez... (Charlotte se calme. La reine s'approche d'elle, en faisant signe aux autres de s'éloigner.)
TANCRÈDE.
Je pars per Monaco...
LE COMTE, le retenant.
Monsieur...
MARIE, à demi-voix, à Charlotte.
Je sais tout... (Mouvement de Charlotte.) Vos projets, vos espérances... Cette lettre, que la police a saisie chez un de vos amis... La reconnaissez-vous ?..
CHARLOTTE, étonnée.
Moi ?.. Non.
MARIE.
Voyez la signature.
CHARLOTTE.
Gil de San Perez... (A part.) Il ne finira donc pas?

* Tancrède, le comte, Marie, Léon, Charlotte, la comtesse.

MARIE.
Vous la reconnaissez... et ce qu'elle contient... (Mouvement de Charlotte.) vous ne l'ignorez pas... c'est un outrage... c'est un crime!.. (Pendant qu'elle parle, Charlotte lit la lettre et témoigne une grande surprise.)
CHARLOTTE, à part.
Ah! le brigand de Gilles!
LE COMTE, bas, à Léon.
La lettre!
(Léon regarde la comtesse sans comprendre.)
MARIE, continuant, bas.
On voulait vous conduire à San-Bento...
CHARLOTTE.
A San... (Tremblante, à part.) Leur Bastille!
MARIE, de même, très émue.
J'ai pardonné... et, en ce moment encore, je vous sauve la vie... nous sommes quittes... (Mouvement de Charlotte; la reine élève la voix.) Monsieur le comte de Bellaflor... vous vous rendrez près de l'amiral de San Perez... vous lui direz de venir au palais, sur-le-champ. (Effroi de Léon et de la comtesse.) Monsieur le capitaine, ne vous éloignez pas.

(Elle remonte; Charlotte se trouve entre Léon et la comtesse.)

LA COMTESSE, bas.
Vous êtes perdus!
CHARLOTTE, de même.
Nous sommes sauvés, si vous me secondez tous les deux... Suivez-moi!
(Tancrède est au moment de s'échapper.)
MARIE.
Quant à monsieur le chevalier Bambinelli...
TANCRÈDE, s'arrêtant court.
Oh! ne faites pas attention...
MARIE.
Qu'on s'assure de sa personne!
TANCRÈDE.
Moi ?... Pardon, majesté!... je pars per Monaco...
CHARLOTTE.
Il part!... (Léon tousse; elle lui dit à part.) Mais je veux qu'il reste...
MARIE.
Qu'on me laisse... Comtesse... (Lui montrant les modes qui sont restées sur la table.) enlevez cela...

ENSEMBLE.

AIR : C'est lui! quel bizarre mystère! (les Fiancées d'Herbesheim)

CHARLOTTE, à part.
Je sens renaître l'espérance
Au fond de mon cœur agité.
Allons! audace et confiance!
Il y va de ma liberté.

MARIE.
Malgré son crime, son offense,
Non, non, point de sévérité.
Montrons ici de l'indulgence,
Et qu'il bénisse ma bonté.
LA COMTESSE.
Encore un danger qui s'avance !
S'il vient, cet oncle redouté,
L'instant de la reconnaissance
Fait découvrir la vérité !
LE COMTE.
Malgré son crime, son offense,
Il a fléchi Sa Majesté.
Ce pauvre marquis, plus j'y pense,
Doit craindre une infidélité.
TANCRÈDE.
Eh ! quoi ! me faire violence !
Attenter à ma liberté !
Dans ma personne, quand j'y pense,
Monaco se trouve insulté !
LÉON, à Marie.
Pour vous revoir en leur absence,
Un mot, un regard de bonté...
Qu'ai-je donc fait qui vous offense ?
Pourquoi tant de sévérité ?
CHARLOTTE, bas, à Léon
J'ai mon projet ! apprends...
LÉON.
Silence !
Sur nous on a les yeux !
Jusqu'à demain, de la prudence !
CHARLOTTE, à part.
De l'audace ! cela vaut mieux.
ENSEMBLE.
Le succès, tout me le dit d'avance,
Doit couronner mon espoir,
Ce soir !
MARIE.
Femme et reine, alors qu'on nous offense,
De pardonner c'est notre devoir...
LÉON et LA COMTESSE.
Mais, courons : car le moment s'avance !
Ne perdons pas tout espoir,
Ce soir !
LE COMTE.
Du marquis, enfin, j'aurai vengeance !
Pour son amour, ça va mal ce soir !
TANCRÈDE.
De m'enfuir, n'est-il aucune chance ?
A Monaco, j'irais dès ce soir !

(Le comte sort d'abord avec Tancrède. La comtesse emporte les modes chez la reine. Léon s'approche de Marie, et veut lui prendre la main, qu'elle retire. Charlotte, arrêtée au fond, fait signe à la comtesse et à Léon, qui la suit. Les portes se referment, après qu'un valet a placé deux candélabres sur la table.)

SCÈNE XIII.
MARIE, puis **CHARLOTTE.**

MARIE, seule.
Léon !... Depuis quelques jours, il est inquiet, préoccupé... et cette lettre... S'il était vrai !... s'il me trompait !... Mais ce jeune homme a tant de motifs pour m'irriter contre... (Baissant la voix.) mon mari !... Mon mari !... il avait raison de vouloir chasser de la cour ce téméraire... Oui, je le rendrai à son oncle... Ah ! si j'avais seulement l'apparence d'un tort, je serais si troublée !...
(La fenêtre s'ouvre et Charlotte paraît.)
CHARLOTTE, à part.
J'y suis !... Pourvu qu'ils ne me laissent pas dans l'embarras, à présent ! (Elle heurte un meuble ; Marie se retourne vivement.)
MARIE, effrayée.
Dieu !
CHARLOTTE.
Oh ! pas un cri !... ne me perdez pas !
MARIE, tremblante.
Vous, monsieur !... vous ici !
CHARLOTTE.
Oui, moi, qui viens demander à ma souveraine grâce et merci... (Elle s'approche de Marie.)
MARIE.
N'approchez pas !
CHARLOTTE, à part.
Pauvre petite femme ! avons-nous peur toutes les deux !
MARIE.
Mais, puisque je vous ai pardonné... (Reculant.) N'approchez pas !... sortez !...
CHARLOTTE, avec plus d'assurance.
Non, je ne sortirai pas... Je suis un audacieux, un criminel, je le sais... Faites-moi arrêter... envoyez-moi à la mort... je suis prêt... (A part.) Dieu ! si elle me prenait au mot !...
MARIE.
Mais, enfin, monsieur... que me voulez-vous, puisque je vous ai pardonné ?... Sortez...
CHARLOTTE, à part.
Diable ! ça ne fait pas mon compte ! (Haut.) Vous m'avez pardonné, madame... et vous me chassez !... et vous voulez me livrer à mon oncle... le marin le plus brutal !...
MARIE, se rapprochant.
Est-ce là ce qui vous effraie ?... Rassurez-vous...
CHARLOTTE.
Vous ne le fléchirez pas... Et s'il apprend que Gilles... que moi, j'ai osé écrire cette lettre qui vous a blessée... cette lettre brûlante...
MARIE.
Ah ! je n'y songeais plus... j'avais déjà oublié... une plaisanterie de jeune homme...

ACTE II, SCÈNE VII.

CHARLOTTE.
Une plaisanterie!... Mais vous ne l'avez donc pas lue ? (La lisant.) « Je n'ai fait qu'entrevoir notre reine... et, déjà, j'en suis amoureux comme un insensé... » (A Marie.) Il y a cela, madame !...

MARIE.
Oui, oui ; je sais...

CHARLOTTE, continuant.
« On veut m'éloigner d'elle... on la trompe...»

MARIE.
On me trompe !... qui donc ?...

CHARLOTTE.
Qui ?... mais... n'importe ! (Lisant.) « Mais on a beau faire... j'irai à la cour... je pénétrerai jusqu'à elle... et, foi de gentilhomme, rien ne m'arrêtera... j'oserai tout... » (A part.) Il y a cela, madame !...

MARIE.
Oui, oui ; je sais...

CHARLOTTE.
J'oserai tout !... (A part.) Dieu ! si elle me prenait au mot ! (Haut.) « J'oserai tout ! » (A part.) Mais, a-t-on jamais vu !... me laisser dans une situation... (Haut.) J'oserai vous le dire, ce mot affreux... qui pourtant n'a jamais fâché personne... (A part.) pas même les reines... (Haut.) Je vous ai... (Mouvement de Marie, qui l'arrête.)

AIR du roi d'Yvetot.

 Je suis jeune encor,
 J'ignore la vie :
 Dans les rêves d'or
 D'une âme ravie,
 Je vois chaque soir
 Un ange à l'œil tendre...
(Regardant Marie.)
 Je crois le revoir
 Et je crois l'entendre.
 Tremblant, agité,
 Vers vous tout m'entraîne !
 Songe ou vérité,
 Ange, femme ou reine,
 A vous, sans retour,
 A vous, mon amour !...
(Mouvement de Marie.)
 Ce mot plein de flamme
 Du fond de mon âme
 Jamais ne sortit :
 Vous êtes, madame,
 La première femme
 A qui je l'ai dit.

MARIE, troublée.
Monsieur ...

DEUXIÈME COUPLET.

 On dit, on prétend,
 Que plus d'une belle
 Retint un instant
 Ce cœur infidèle...
 Froid semblant d'amour,
 Qui ne dure guère !
 Caprice d'un jour !
 Erreur passagère !
 A vous je promets
 Tendresse infinie ;
 A vous, désormais,
 Mon sang et ma vie !
 Je veux vous chérir,
 Puis, après... mourir !...
 Jugez de ma flamme !
 Vous êtes, madame,
 J'en dois convenir,
 La première femme
 A qui, sur mon âme,
 J'offre de mourir.
(Elle se jette à ses pieds.)

MARIE, écoutant.
O ciel ! silence !... entendez-vous ?

CHARLOTTE, se levant, à part.
Allons donc !... ce n'est pas malheureux !

MARIE.
On vient !... si c'était...

CHARLOTTE.
Qui donc ?... Vous êtes reine... vous êtes libre...

MARIE.
Oui... oui... certainement... mais... les courtisans... mais le lieu... l'heure... Sortez !...

CHARLOTTE, écoutant.
Ce n'est rien, madame... c'est la voix du marquis.

MARIE.
Raison de plus !... partez !... par où vous êtes venu...

CHARLOTTE, à part.
Oh ! non... oh ! non !...

MARIE, courant au balcon.
Ce balcon...

LÉON, en dehors.
Des sentinelles partout !

CHARLOTTE, se jetant dans la chambre à droite.
A son tour !...

(La porte se referme. Une porte du fond s'ouvre vivement. Marie se retourne et ne voit plus Charlotte. Elle tombe dans un fauteuil, à gauche, au moment où Léon paraît.)

MARIE, regardant autour d'elle.
Si je dis un mot, il est perdu !...

ooooooooooooooooooooooooooo ooooooooooo oo ocoo

SCÈNE XIV.

MARIE, LÉON.*

LÉON, à la cantonade.
Monsieur le comte... la plus grande surveillance... et prévenez-moi...
(Il entre brusquement, comme la reine est entrée à la fin du premier acte, et regarde autour de lui.)

* Marie, Léon.

MARIE, avec émotion.

Mon Dieu ! marquis... qu'est-ce donc ? qu'y a-t-il ?... vous prévenir ?...

LÉON.

Ah ! c'est vous, Marie... madame... Pardon, si j'ose encore paraître devant vous, quand vous m'avez repoussé.

MARIE.

Moi ? non, je ne crois pas... Oh ! un enfantillage... mais, je t'attendais.

(Elle lui tend la main.)

LÉON.

Que de bonté !... Mais, votre main tremble... Sauriez-vous ?...

MARIE.

Quoi donc ?... Vous-même, vous êtes ému, agité.

LÉON.

C'est que, s'il était vrai, comme on vient de me l'apprendre, qu'une personne a osé pénétrer dans votre appartement...

MARIE.

Chez moi ?... Je ne sais pas... je ne sais rien.

LÉON.

C'est le comte de Bellaflor qui m'a dit...

MARIE, avec colère.

Le comte ! le comte !... (Changeant l'entretien.) A-t-il vu l'amiral de San Perez, comme je l'avais ordonné ?

LÉON.

Je le pense... Jugez de mon inquiétude : pénétrer jusqu'à vous !... Ce ne peut être que dans une intention criminelle, car...

MARIE, l'interrompant.

Quelle folie !... (Changeant l'entretien.) Je suis bien aise que l'amiral soit ici, ce soir, au cercle de la cour... Mon mariage ne doit plus être un secret... je veux que tout le monde le devine, à mes égards, à mon amour... je l'avouerai tout haut !

LÉON, à part.

Enfin ! (Haut.) Ah ! Marie !... Et moi aussi, je pourrai donc avouer tout haut ma reconnaissance ! et si l'on osait l'attaquer devant moi, comme tout à l'heure encore...

MARIE.

Et que disait-on ?

LÉON.

C'était à propos de cette personne, qui a osé pénétrer... Mais tu n'en sais rien.

MARIE.

Rien du tout. (A part.) Je mens !... Ah ! une reine !

LÉON.

Le comte de Bellaflor... car c'est le gazetier de la cour...

MARIE.

C'est un sot !

LÉON.

Il parlait du neveu de l'amiral, de ses projets... de cette lettre audacieuse qu'on t'a remise.

MARIE.

Une lettre ?... Ah ! oui, oui, c'est juste... mais, suis-je responsable des folles pensées d'un étourdi qui a pu se méprendre sur ma protection, sur la vôtre ?

LÉON.

Je ne dis pas cela... Mais alors... oh ! je ne sais pas mieux dissimuler que toi... me rappelant tout à coup le service qu'on t'a rendu, la reconnaissance que tu as témoignée, et ce regard sévère pour moi seul... un doute, un soupçon s'est emparé de mon cœur... Oh ! pardon... je t'aime, je suis jaloux de l'amour que tu m'as juré... et ici, près de toi, je m'interroge encore, je me demande : si cela était vrai, si un imprudent avait osé, par ce balcon entr'ouvert... (Mouvement de Marie.) Ce n'est qu'une supposition... mais enfin, que devrais-je penser ? Faudrait-il croire, sur de folles apparences, qu'une épouse, une reine !...

MARIE, avec anxiété.

Marquis, vous oubliez...

LÉON.

Mais toi-même, réponds, si le jour où tu as cru me surprendre coupable, il s'était trouvé là... chez moi, au lieu d'un jeune page, une femme... (Mouvement de Marie.) venue imprudemment pour implorer ma protection... voilà tout...

MARIE.

Oh ! ce n'est pas la même chose.

LÉON.

Si, effrayée par ta jalousie, elle se fût cachée...

MARIE.

Elle !... Mais heureusement il n'en était rien, n'est-ce pas ?

LÉON.

Comme en ce moment, ici, chez toi... Tu trembles encore ?... Tu n'aurais pas eu confiance dans mes paroles... et tu veux...

MARIE.

Ah ! Léon, je te jure...

LÉON.

Silence !... le comte !

SCÈNE XV.

Les Mêmes, le COMTE, puis CHARLOTTE, TANCRÈDE.

LE COMTE, entrant vivement.

Restez, restez, je cours... Monsieur le marquis... Ah ! madame, j'ignorais... mais pardon, c'est la comtesse, tout effrayée, qui m'a prévenu... Je venais vous sauver, peut-être !

MARIE.

Me sauver !

ACTE II, SCÈNE XV.

LÉON.
Parlez.

LE COMTE.
Monsieur le marquis m'avait dit d'accourir, si l'on découvrait le misérable... car ça ne peut être qu'un misérable... (Mouvement de Léon et de Marie.) Il est ici !

MARIE, à part.
C'en est fait !

LÉON.
Mais qui donc ?

LE COMTE.
Je l'ignore.

LÉON.
N'importe ! il y va de la sûreté de la reine. (Allant vers la porte de la chambre.) Il faut à l'instant...

MARIE, se jetant devant la porte.
Arrêtez !
(La porte s'ouvre brusquement et Charlotte paraît en femme, comme au premier acte, vêtue des habits que la comtesse a emportés.)

CHARLOTTE.
Votre Majesté m'appelle ?

MARIE, à part.
Qu'ai-je vu !

LE COMTE, stupéfait.
Une femme !

LÉON, jouant la surprise.
Une femme ! (A part, riant.) Très bien ! (Haut.) Quoi ! cette personne...

CHARLOTTE.
La sœur de Gil de San Perez...

LE COMTE.
Sa sœur ?... c'est donc cela...

CHARLOTTE, continuant.
Qui venait solliciter en secret pour son frère, confus et honteux de ce qu'il a fait, la permission de retourner en Fr...

LÉON, vivement.
Au Brésil !

CHARLOTTE.
Voilà ! (A part.) Ouf ! ce n'est pas sans peine.

MARIE, à part, les observant.
Il ne la reconnaît pas !

LÉON, à part, de même.
Son plan réussit. (Haut.) Une femme ! (A la reine, bas.) Ah ! Marie... pardon !

LE COMTE, voulant s'approcher de Charlotte.
Mais, permettez...

LÉON, comme Marie au premier acte.
Silence, monsieur le comte !... Je ne vous pardonnerai de ma vie !

LE COMTE.
Ah bon ! à son tour !... Je ne fais donc que des sottises, depuis huit jours !
(Il s'approche du marquis pour se justifier. Léon suit, du coin de l'œil, les mouvemens de la reine.)

MARIE, bas à Charlotte.
C'est bien, monsieur... vous avez sauvé l'honneur de la reine... mais vous resterez femme !... toujours !

CHARLOTTE, vivement.
Toujours !... je le jure !... (Se reprenant, plus calme.) Je m'y résigne. (A part, avec expansion.) Ah ! me voilà chez moi... dans mes vêtemens naturels !... je respire à l'aise, je me retrouve !

TANCRÈDE, en entrant.
Conduisez-moi près de la reine, que je me jette à ses pieds...
(Le comte remonte et se tient au deuxième plan.)

TANCRÈDE.
Ah ! madame, permettez...

CHARLOTTE.
Tiens ! c'est Mona... (Léon tousse. Elle achève bas.) co !...

TANCRÈDE, apercevant Charlotte.
Ciel ! (A Marie.) Qu'un infortuné... mais c'est elle !... implore... mais la voilà !... Votre Majesté !... Ah ! mademizelle...

CHARLOTTE, à part.
Aïe ! aïe !

LE COMTE.
Il est fou !

MARIE.
Monsieur le chevalier, vous êtes libre.

TANCRÈDE.
Ah ! madame... Je... certainement... (A Charlotte.) Mais c'est vous !... (A Léon.) C'est elle !... voyez donc... cette jeune dame... vous savez...

MARIE, à part, riant.
Une jeune dame ?...
(Elle rit, en regardant Charlotte qui rit aussi.)

LÉON.
Vous la connaissez ?

TANCRÈDE.
Ah ! monsieur le marquis, je l'adore... j'en perds la tête, et je lui offre ma main...

LÉON, vivement.
Qu'elle accepte !

TANCRÈDE.
Ah ! bah !

CHARLOTTE, de même.
Tout de suite !

TANCRÈDE.
Ah ! bah !

MARIE, à part, en riant.
Ah ! bien !

CHARLOTTE, à part.
Me voilà madame Monaco !

TANCRÈDE.
Vrai ?... Tout de suite !

MARIE, dans le plus grand trouble.
Oh ! c'en est trop... (S'approchant de Léon et à demi-voix.) Mais cela ne se peut pas... mais c'est impossible !

LÉON, bas.
Et pourquoi ?

MARIE, de même.

C'est que... (Confuse.) Ah! Léon!...

LÉON.

Eh bien, Marie?

MARIE.

Il faut donc tout vous avouer... Ce t imprudent, qui venait implorer sa grâce... c'est lui!

LÉON.

Lui?... Je ne crois pas...

MARIE.

Comment?

LÉON.

C'est que... Marie...

MARIE.

Eh bien! Léon?

LÉON.

Il faut donc tout vous avouer... Cette imprudente, qui venait implorer ma protection... c'est elle...

MARIE, avec un léger cri.

Ah! (Ils se serrent la main.)

LE COMTE, bas à Tancrède.

C'est la sœur.

TANCRÈDE.

Ah! ça, voyons donc.. j'ai passé par des alternatives si variées, que je ne sais plus à quoi m'en tenir, moi... Est-ce bien...

CHARLOTTE, bas.

Monaco... je réponds de tout.

MARIE.

Le mariage se fera demain, dans ma chapelle... je doterai la mariée, qui partira avec son époux pour le Brésil.

LÉON.

Pour la France.

CHARLOTTE, tendant la main à Tancrède.

Non... (Imitant Tancrède.) Per Monaco!... (A part, en soupirant.) C'est égal, madame Monaco pensera encore quelquefois au régiment de Picardie!

LE COMTE, à Tancrède.

Vous m'avez fait des excuses... de quoi?

(Tancrède lui serre la main.)

CHOEUR.

AIR final de la Mère et l'Enfant.

Au moment du danger,
A la cour c'est l'usage,
D'habit et de langage
Il faut savoir changer.

CHARLOTTE, au public.

AIR de Téniers.

Naguère encor, officier, capitaine,
J'aurais osé parler en conquérant...
Je redeviens femme, de par la reine ;
Je ne sais plus que prier en tremblant.
Pour un succès, que tout bas je complote,
Nous sommes deux... ayez-y quelque égard ;
Doublez ce soir vos bravos pour Charlotte,
Afin que Gil en ait aussi sa part...
Ce pauvre Gil, il lui faut bien sa part !

REPRISE DU CHOEUR.

Au moment du danger, etc.

FIN DU CAPITAINE CHARLOTTE.

BOULE et Cⁱᵉ, imprimeurs des Corps militaires, de la Gendarmerie départementale, des Contributions directes et du Cadastre, rue Coq-Héron, 3.

www.ingramcontent.com/pod-product-compliance
Lightning Source LLC
Chambersburg PA
CBHW070446080426
42451CB00025B/1759